Mosaik
bei GOLDMANN

Buch

Wer einen der begehrten Ausbildungsplätze haben will, muss sich aus der Menge der Konkurrenten hervorheben. Eine gezielte Vorbereitung ist deshalb unabdingbar. Neben der schriftlichen Bewerbung und dem Vorstellungsgespräch ist der Einstellungstest die wichtigste Hürde. Joachim Keil hat auf der Grundlage realer Prüfungsunterlagen alle wichtigen Aufgabentypen mit zahlreichen Übungsmöglichkeiten zusammengestellt: praxisnahe und aktuelle Aufgaben zu allen Gebieten des Schulwissens und der Allgemeinbildung, spezielle Aufgaben zum Training des logischen Denkens, des Konzentrationsvermögens sowie des räumlichen Vorstellungsvermögens. Dazu gibt er wertvolle Tipps für die richtige Strategie während und nach dem Einstellungstest.

Autor

Joachim Keil ist Diplom-Handelslehrer und erfolgreicher Autor von Berufsratgebern. Er unterrichtet im beruflichen Schulwesen und in der Erwachsenenbildung.

Joachim Keil

Testtrainer

für Ausbildungsplatzsuchende

Mosaik
bei GOLDMANN

Umwelthinweis:
Alle bedruckten Materialien dieses Taschenbuches
sind chlorfrei und umweltschonend.

Vollständige Taschenbuchausgabe März 2003
Wilhelm Goldmann Verlag, München,
ein Unternehmen der Verlagsgruppe Random House GmbH
© 1996/2001 Falken Verlag,
ein Unternehmen der Verlagsgruppe Random House GmbH
Umschlaggestaltung: Design Team München
unter Verwendung eines Fotos von Jetty, Images Bavaria
Zeichnungen: Daniela Schneider, Frakfurt/M.
Grafiken: Barbara Aranda, Frankfurt/M.
Druck: GGP Media, Pößneck
Verlagsnummer: 16498
Kö · Herstellung: Max Widmaier
Printed in Germany
ISBN 3-442-16498-498-2
www.goldmann-verlag.de

1 3 5 7 9 10 8 6 4 2

Inhalt

Hallo, Ausbildungsplatzsuchende!

J etzt geht's los: Sie gehen an den Start oder befinden sich schon mitten drin im großen Rennen um einen Ausbildungsplatz.
Ein harter Wettkampf, denn Sie müssen einige Hürden überspringen:
- oftmals kommen auf einen Ausbildungsplatz viele Bewerber
- manche haben auch das gewisse „Vitamin B . . ." und dadurch einen großen Vorteil
- überzeugende Bewerbungen sind notwendig
- Sie müssen im Vorstellungsgespräch glänzen
- im Einstellungstest müssen Sie auch fit sein.

Da braucht man schon eine Portion Glück, vor allem aber muss man fit und gut vorbereitet sein. Dabei hilft Ihnen dieser Testtrainer.

Wozu eigentlich Tests?

Wenn Sie zum Test eingeladen werden, haben Sie schon wichtige Hürden übersprungen. Ihre Bewerbung war offensichtlich so überzeugend, dass Sie in die engere Wahl gekommen sind – Gratulation!
Sie werden sich vielleicht fragen, ob denn die Bewerbungsunterlagen und das Vorstellungsgespräch nicht schon ausreichen, um sich für einen Auszubildenden zu entscheiden. Für den Einsatz von Einstellungstests gibt es jedoch folgende Gründe:
- Mit Einstellungstests versucht man herauszufinden, welche allgemeinen Kenntnisse Sie haben, wie Sie sich verhalten, wie belastbar und leistungsfähig Sie sind.
- Man kann Ihr Wissen und Ihre Fähigkeiten in den Bereichen ermitteln, die für den jeweiligen Betrieb am wichtigsten sind.
- Schulnoten von verschiedenen Schulen und Lehrern sind nicht immer direkt vergleichbar. Mit Tests sollen die Leistungen der Bewerber vergleichbarer gemacht werden.

- Die Bewerber erhalten mit Tests aber auch die Chance, schlechtere Schulnoten durch gute Testergebnisse auszugleichen.
- Mit Tests gibt sich das Unternehmen fortschrittlich, objektiv und wissenschaftlich.
- Anhand der Testergebnisse kann leicht eine Rangfolge aller Kandidaten aufgestellt werden.
- Da die Auswertung vor allem der Tests mit Multiple-Choice-Fragen problemlos ist, kann schnell und kostengünstig eine größere Zahl von Bewerbern miteinander verglichen werden.
- Der Einstellende kann sich innerbetrieblich gegen den Vorwurf einer möglichen Parteinahme, zum Beispiel durch den Betriebsrat oder andere Mitarbeiter, verteidigen und auf die Frage, warum gerade dieser Bewerber eingestellt werden soll, eine sachliche Antwort geben.
- Dies gilt auch, wenn diese oder eine ähnliche Frage von außen, zum Beispiel von einem abgelehnten Bewerber, gestellt wird.

Was gibt es für Tests?

Generell kann man unterscheiden zwischen Tests, mit denen Ihr zukünftiger Ausbildungsbetrieb Ihre schulischen Leistungen und Ihre Allgemeinbildung erkennen will, und Leistungs- sowie psychologische Tests.

Die letzteren, **Persönlichkeitstests** bzw. Assessmentcenter genannt, zielen auf die Psyche des Menschen ab. Mit ihnen versucht sich der Chef oder Personalsachbearbeiter einen Eindruck von Ihrer Persönlichkeit und Ihrem Charakter zu verschaffen. Er will erkennen, ob Sie in sein Team oder Unternehmen passen und ob Sie für diesen Beruf geeignet sind.

Wenn Sie sich um einen attraktiven Ausbildungsplatz bewerben, können Sie heute damit rechnen, mit einem Einstellungstest konfrontiert zu werden.

Mit **Leistungstests** will man bestimmte Kenntnisse und Fähigkeiten prüfen. Man will sehen, wie geschickt, belastbar, stressempfindlich, konzentrationsfähig Sie sind und wie Sie Ihre Intelligenz einsetzen.

Daneben will man mit **Tests zur Allgemeinbildung** aber auch Ihr Schulwissen in Fächern wie Deutsch, Mathematik, Chemie und Physik einschätzen, denn hier gibt es Kenntnisse, die Sie für Ihren späteren Beruf benötigen.

In zahlreichen Firmen wünscht man sich aufgeschlossene Mitarbeiter, die in allgemeinen Gesprächen über aktuelle Themen mit Kunden, Lieferanten, Kollegen und Vorgesetzten mitreden können. Keine sachliche Diskussion kann ohne notwendiges Grundwissen geführt werden. Daher werden Grundlagen aus den Bereichen Wirtschaft, Politik, Geographie, Geschichte und Kultur abgefragt, um zu beurteilen, ob Sie das aktuelle Geschehen mit Interesse verfolgen.

Dieser Testtrainer will Sie fit machen – und noch mehr ...

▦ Er will Sie in erster Linie natürlich für Ihre Einstellungstests fit machen.

▦ Er frischt Ihr Schulwissen auf.

▦ Er hilft Ihnen, sich in psychologische Tests hineinzudenken und einzuarbeiten.

▦ Er gibt Ihnen zahlreiche Expertentipps und Ratschläge, wie Sie bestimmte Aufgaben am besten angehen.

▦ Er gibt Ihnen Expertentipps und Ratschläge, wie Sie sich vor und während des Tests am besten verhalten.

▦ Er will Sie sicherer machen, gibt Ihnen das für Prüfungen notwendige Selbstvertrauen und baut so Prüfungsstress ab.

▦ Er soll Ihnen sogar Spaß machen. Beantworten Sie die Multiple-Choice-Fragen mit Ihrem Freund, Ihrer Freundin oder mit Bekannten. Testen Sie diese und lassen Sie sich selbst testen. Wie wär's mit einem kleinen Wettkampf?

▦ Er vermittelt Ihnen auch nötiges Wissen für Ihre Vorstellungsgespräche (vor allem aus den Bereichen Politik, Wirtschaft, Geschichte usw.).

▦ Er erhöht generell Ihre Allgemeinbildung, sodass Sie sich auch privat zu allgemeinen Themen fundiert äußern können.

Das wichtigste ist jedoch: Der Testtrainer soll Ihr ganz persönlicher *Stresskiller* sein. „Die nächste Prüfung ist die schwerste" ist eine Binsenweisheit – doch warum eigentlich? Weil Sie Prüfungsstress haben, wenn

... Sie unsicher sind, welche Fragen und Aufgaben gestellt werden.

... Sie Angst haben, die Fragen nicht beantworten zu können.

... Sie in Klassenarbeiten vielleicht nicht immer erfolgreich waren.

Doch Stress und Angst sind leistungshemmend, sie verhindern, dass Sie das Beste aus sich herausholen – aber gerade das wollen und müssen Sie.

Dieser Testtrainer will Ihnen die Angst nehmen und dabei helfen, den Stress zu killen. Er bereitet Sie auf Ihre Prüfung vor, wie einen Sportler auf den Wettkampf. Er will Ihnen das Gefühl geben, gezielt vorbereitet und topfit zu sein, und will Sie selbstsicherer machen. Mit diesem Gefühl und nachdem der Übungsparcours gemeistert ist, haben Sie die besten Aussichten, es zu schaffen.

Doch vor dem Erfolg steht – wie beim Sport – die harte Arbeit. Trainieren Sie mit diesem Testtrainer, stellen Sie sich der Herausforderung und haben Sie immer Ihr Ziel vor Augen, dann werden Sie es schaffen. Der Verfasser wünscht Ihnen schon jetzt viel Erfolg.

Natürlich wurde dieses Buch nicht nur für männliche Ausbildungsplatzsuchende geschrieben. Um zu vermeiden, dass der Text schwerfällig und unübersichtlich wird, haben wir jedoch darauf verzichtet, zu jeder männlichen Berufs- und Funktionsbezeichnung auch die weibliche Form zu ergänzen. Selbstverständlich sind beispielsweise Chefinnen, Industriekauffrauen und Ausbilderinnen mit gemeint, wenn wir von Chefs, Industriekaufmännern und Ausbildern sprechen. Wir wissen, dass Sie dies akzeptieren, denn so liest es sich für Sie entschieden leichter – und Ihnen will dieser Testtrainer ja helfen.

Schulwissen und Allgemeinbildung

Immer noch ein Gebiet mit vielen Stolpersteinen: Deutsch und Sprachbeherrschung

Wer von uns ist noch nicht gestolpert über die Regeln der deutschen Rechtschreibung? Dabei ist die Sache gar nicht so kompliziert, wie Sie merken werden. Wenn Sie die wichtigsten Regeln „gut drauf haben", lassen sich die meisten Klippen der Rechtschreibtests unbeschadet umschiffen.

Expertentipp:
Da gute Deutschkenntnisse und Sprachbeherrschung für praktisch alle Berufsbilder wichtig sind, werden sie besonders häufig bei Einstellungstests überprüft. Schlagen Sie bitte im Duden nach, wenn Sie bei Ihrer Vorbereitung auf Grenz- oder Zweifelsfälle der deutschen Sprache stoßen.

So mancher tappt im finstern (oder im Finstern?): Die Groß- und Kleinschreibung

Machen Sie sich fit mit den wichtigsten Regeln:

	Regel	Beispiele
Adjektive (Eigenschaftswörter) groß oder klein?	Im Allgemeinen werden Adjektive kleingeschrieben (a). Dies gilt auch, wenn sie in festen Fügungen stehen (b). Groß werden sie geschrieben, wenn sie als Substantiv (Hauptwort) verwendet werden (c) oder die Adjektive als fester Ausdruck verwendet werden (d).	a) Es ist schon früh dunkel. b) die schwarze Liste, die erste Hilfe c) Das Dunkle der Nacht war ihm unheimlich. d) im Folgenden, im Nachhinein

	Regel	Beispiele
„Mal" oder „mal"?	Das Substantiv „Mal" wird großgeschrieben. Der Plural lautet „die Male" (a). Sonst schreibt man „mal" im Allgemeinen klein und mit der Anzahl zusammen (b).	a) Das letzte Mal kam er zu spät. Kein einziges Mal war sie pünktlich. Viele Dutzende Male hatte er Glück behabt. b) Auf einmal war der Mann verschwunden. Wir mussten ein paarmal klopfen. Sie traf ihn dreimal.
Wochentage und Tageszeiten	Wochentage und Tageszeiten mit Artikeln werden großgeschrieben (a). Dies gilt auch, wenn Tageszeiten in Verbindung mit Adverbien (Umstandswörtern) stehen (b). In Verbindung mit Wochentagen werden die Tageszeiten zusammengeschrieben (c).	a) Der Abend war schön. Wir trafen uns am Dienstag. b) Gestern Mittag kam er zu spät. Heute Morgen war er pünktlich. c) Wir treffen uns am Montagabend. Sie waren für Mittwochmorgen verabredet.
„ein Paar" oder „ein paar"?	„Paar" wird großgeschrieben, wenn zwei zusammengehörige Personen oder Dinge gemeint sind (a). Sind mit „ein paar" „einige wenige" gemeint, wird „paar" kleingeschrieben (b).	a) ein seltsames Paar b) ein paar Kirschen, nur ein paar Minuten
„Recht" oder „recht"?	Steht ein Artikel (Geschlechtswort) oder Pronomen (Fürwort) (a) oder eine Präposition (Verhältniswort) (b) vor dem Wort, wird großgeschrieben. Dies gilt auch, wenn „Recht" Gerechtigkeit bedeutet (c). Klein schreibt man es, wenn „recht" im Sinne von „richtig" verwendet wird (d).	a) das Recht des Stärkeren, er fordert sein Recht b) durch Recht und Ordnung, im Recht sein, mit Recht c) von Rechts wegen war er der Erbe d) recht und billig, so ist's recht

	Regel	Beispiele
Wann werden Verben großgeschrieben?	Verben werden großgeschrieben in Verbindung mit dem bestimmten (a) oder dem unbestimmten Artikel (b) oder einem Possessivpronomen (besitzanzeigendes Fürwort) (c).	a) Das Arbeiten fällt mir leicht (**Aber:** Es fällt mir leicht zu arbeiten.) b) Ein Knistern war zu hören. c) Ihr Lachen war sehr angenehm. All unser Hoffen war umsonst.
Anreden	Die Anrede beim Duzen wird kleingeschrieben (a). Diese Regel gilt auch für Briefe (b). Redet man jemanden mit „Sie" an, so wird dies großgeschrieben (c).	a) „Hast du deinen Teil schon bezahlt?" b) Im Brief: „Rufst du mich mal an?" c) „Werden Sie auch wirklich kommen?"
Eigennamen: groß oder klein?	Ableitungen von geographischen Eigennamen auf „er" schreibt man groß (a). Gehören Adjektive auf „-isch" oder „-sch" zu einem mehrteiligen Eigennamen, so schreibt man groß (b). Adjektivistische Ableitungen (von Eigenschaftswörtern abgeleitet) aus Personennamen, die auf „-sch" enden, werden kleingeschrieben (c). Außerdem werden alle abgeleiteten Adjektive auf „-esk", „-istisch" und „-haft" kleingeschrieben (d).	a) Die Berliner Bevölkerung, die Mecklenburger Landschaft b) Indischer Ozean, Schweizerische Staatsbahnen c) das viktorianische Zeitalter, das ohmsche Gesetz d) sein lutherhaftes Äußere, darwinistische Einstellung
Adjektivpaare (Paarformen von Eigenschaftswörtern)	Paarformen mit nicht deklinierten (gebeugten) Adjektiven werden immer großgeschrieben.	Jung und Alt kamen zu dem Fest. Für Dick und Dünn war die Garderobe geeignet.

Ran an die Übungsaufgaben!
Entscheiden Sie bei den folgenden Übungen, was richtig ist, und tragen Sie Ihren Lösungsbuchstaben in das Lösungsfeld ein.

1. a) Dieses Mal war er aber im Recht.
b) Dieses mal war er aber im Recht.
c) Dieses Mal war er aber im recht.
d) Dieses mal war er aber im recht.
Lösung: ░░

2. a) Montagnachmittag kaufte er Schweizer Käse.
b) Montag Nachmittag kaufte er Schweizer Käse.
c) Montag Nachmittag kaufte er schweizer Käse.
d) Montagnachmittag kaufte er schweizer Käse.
Lösung: ░░

3. a) Am heutigen Tag war das rauschen wieder zu hören.
b) Am heutigen tag war das Rauschen wieder zu hören.
c) Am heutigen Tag war das Rauschen wieder zu hören.
d) Am heutigen tag war das rauschen wieder zu hören.
Lösung: ░░

4. a) Das Quietschen der Bremsen hatte ihn nachts geweckt.
b) Das quietschen der Bremsen hatte ihn Nachts geweckt.
c) Das quietschen der Bremsen hatte ihn nachts geweckt.
d) Das Quietschen der Bremsen hatte ihn Nachts geweckt.
Lösung: ░░

5. a) Die Marxschen Thesen waren schon einige male Prüfungsthemen.
b) Die marxschen Thesen waren schon einige male Prüfungsthemen.
c) Die marxschen Thesen waren schon einige Male Prüfungsthemen.
d) die Marxschen Thesen waren schon einige Male Prüfungsthemen.
Lösung: ░░

6. a) „Werden Sie auch wirklich Vormittags erscheinen?"
b) „Werden Sie auch wirklich vormittags erscheinen?"
c) „Werden sie auch wirklich Vormittags erscheinen?"
d) „Werden sie auch wirklich vormittags erscheinen?"
Lösung: ▨

7. a) Der betrunkene lärmte im Dunkeln.
b) Der betrunkene lärmte im dunkeln.
c) Der Betrunkene lärmte im dunkeln.
d) Der Betrunkene lärmte im Dunkeln.
Lösung: ▨

8. a) „Möchtest Du auch dieses mal wieder die Ferien mit uns verbringen?"
b) „Möchtest du auch dieses mal wieder die Ferien mit uns verbringen?"
c) „Möchtest du auch dieses Mal wieder die Ferien mit uns verbringen?"
d) „Möchtest Du auch dieses Mal wieder die Ferien mit uns verbringen?"
Lösung: ▨

Ein Gebiet, das so manchen (ver)zweifeln lässt:
Die Zusammen- und Getrenntschreibung

Machen Sie sich fit mit den wichtigsten Regeln:

	Regel	Beispiele
Verbindung von Verb mit Verb (Tätigkeitswort)	Verbindungen von zwei Verben werden immer getrennt geschrieben (a). **Aber:** Bei einer substantivierten (hauptwörtlichen) Verbindung der Verben wird groß und zusammengeschrieben.	a) Wir wollen im Park spazieren gehen. Wir haben den Schirm in der Bahn liegen lassen. b) Zum Kennenlernen sollten wir ein Gespräch suchen.

	Regel	Beispiele
Verbindung von Substantiv (Hauptwort) und Verb	Verbindungen von Substantiven und Verben werden grundsätzlich getrennt geschrieben (a). **Aber:** Treffen Verben mit „verblassten" Substantiven aufeinander, so schreibt man die Wörter zusammen (b). **Außerdem:** Substantivierungen werden groß und zusammengeschrieben (c).	a) Wir mussten vor dem Hindernis <u>Halt</u> <u>machen</u>. Bei Arbeitslosigkeit ist <u>Maß</u> <u>halten</u> angesagt. b) Sie möchten schon heute <u>heimkehren</u>. Er sollte sein Geheimnis nicht <u>preisgeben</u>. c) Das <u>Eislaufen</u> ist an dieser Stelle gefährlih. Das <u>Ballonfahren</u> machte ihm sehr viel Freude.
Verbindung von Adverb (Umstandswort) mit Verb	Verbindungen von Adverbien, wie z. B. darunter und dahinter und Verben werden getrennt geschrieben.	Seine Erwartung hatte weit <u>darunter gelegen</u>. In Zukunft will man schneller <u>dahinter</u> <u>kommen</u>.
Verbindung mit dem Verb „sein" und mit „irgend"	Verbindungen mit dem Verb „sein" werden getrennt geschrieben (a). Wortverbindungen mit „irgend-" werden zusammengeschrieben (b).	a) <u>Dabei sein</u> ist alles. Sie konnten es nicht <u>sein</u> <u>lassen</u>. b) <u>Irgendjemand</u> wird es schon hören. <u>Irgendwie</u> geht es immer weiter.
Verbindungen von „-viel(e)" und „-wenig(e)" mit „so-", „wie-", „zu-"	Verbindungen dieser Buchstabengruppen werden getrennt geschrieben.	Wir haben <u>zu wenig</u> Zeit für ein Treffen. <u>Wie viel</u> Geld wolltest du ihm geben?
Verbindung von Adjektiven und Verb	Grundsätzlich werden Verbindungen von Adjektiven und Verben getrennt geschrieben (a). **Ausnahme:** Verbindungen, die nicht gesteigert werden können, sind zusammenzuschreiben (b).	a) Mit der Anzahlung wollte er sich <u>zufrieden</u> <u>geben</u>. Für weitere Vorschläge <u>offen bleiben</u>. b) Wir wollen den Trend <u>hochrechnen</u>. Heute Abend wollen wir <u>fernsehen</u>.

Regel	Beispiele
Verbindung von Partizip (Mittelwort) mit Verb	Es wird getrennt geschrieben, wenn eine getrennt geschriebene Wortgruppe dem betreffenden Ausdruck zugrunde liegt. **Beispiel:** <u>Rat suchende</u> wird getrennt geschrieben wegen der Schreibweise von Rat und suchen.	Der <u>Feuer speiende</u> Berg war nicht zu übersehen. <u>Laub tragende</u> Bäume verdeckten das Haus.
Verbindung von Adjektiven	Gleichartige Adjektive schreibt man zusammen.	Die <u>schwarzrote</u> Fahne wurde eingerollt. Ein <u>taubstummer</u> Zuschauer war im Saal.
Straßennamen	Bei deklinierten (gebeugten) Bestimmungswörtern werden Straßennamen getrennt geschrieben (a). Sonst werden sie zusammengeschrieben (b).	a) Hanauer Straße, Kölner Weg, Große Bleiche, Schöne Aussicht b) Adenauerplatz, Rheinstraße, Schlossallee

Ran an die Übungsaufgaben!

Entscheiden Sie, wo die Regeln der Zusammen- und Getrenntschreibung richtig angewandt wurden. Schreiben Sie Ihre Lösungsbuchstaben in die vorgegebenen Felder.

1. a) Im Werraweg kann man im Winter leicht stecken bleiben.
   b) Im Werra Weg kann man im Winter leicht steckenbleiben.
   c) Im Werraweg kann man im Winter leicht steckenbleiben.
   d) Im Werra Weg kann man im Winter leicht stecken bleiben.
   Lösung:

2. a) Irgend jemand müsste doch mal bald da hinter kommen.
   b) Irgend jemand müsste doch mal bald dahinter kommen.
   c) Irgendjemand müsste doch mal bald da hinter kommen.
   d) Irgendjemand müsste doch mal bald dahinter kommen.
   Lösung:

3. a) Trotz seiner Erkältung wollte er das Skifahren nicht seinlassen.
b) Trotz seiner Erkältung wollte er das Ski fahren nicht sein lassen.
c) Trotz seiner Erkältung wollte er das Skifahren nicht sein lassen.
d) Trotz seiner Erkältung wollte er das Ski fahren nicht seinlassen.
Lösung:

4. a) Er wollte bald zum Berliner Platz um ziehen.
b) Er wollte bald zum Berlinerplatz umziehen.
c) Er wollte bald zum Berlinerplatz um ziehen.
d) Er wollte bald zum Berliner Platz umziehen.
Lösung:

5. a) Zu viele Häuser verdeckten die Sicht auf das türkis blaue Meer.
b) Zuviele Häuser verdeckten die Sicht auf das türkisblaue Meer.
c) Zu viele Häuser verdeckten die Sicht auf das türkisblaue Meer.
d) Zuviele Häuser verdeckten die Sicht auf das türkis blaue Meer.
Lösung:

6. a) Viele nahe stehende Freunde wollten bei ihrer Hochzeit dabeisein.
b) Viele nahestehende Freunde wollten bei ihrer Hochzeit dabeisein.
c) Viele nahestehende Freunde wollten bei ihrer Hochzeit dabei sein.
d) Viele nahe stehende Freunde wollten bei ihrer Hochzeit dabei sein.
Lösung:

7. a) Rad fahren und im Park spazieren gehen waren seine Freizeit-
beschäftigung.
b) Radfahren und im Park spazierengehen waren seine Freizeit-
beschäftigung.
c) Radfahren und im Park spazieren gehen waren seine Freizeit-
beschäftigung.
d) Rad fahren und im Park spazierengehen waren seine Freizeit-
beschäftigung.
Lösung:

Wer hier stolpert, ist in guter Gesellschaft: Verschiedene Stolpersteine der Rechtschreibung

Machen Sie sich fit mit den wichtigsten Regeln:

	Regel	Beispiele
„ss" oder „ß"?	Nach kurzen Vokalen (Selbstlauten) wird „ss" geschrieben (a). Auch das bisherige „daß mit ß" wird nach der neuen Rechtschreibregelung mit „ss" geschrieben. Es wird verwendet, wenn man es **nicht** durch „dieses oder welches" ersetzen kann (b). Nach langen Vokalen wird „ß" geschrieben (c). Auch nach Doppellauten (ai, au, ei, eu) wird „ß" geschrieben (d).	a) Schloss, Schuss b) Ich sehe ein, dass du unschuldig bist. Wir glaubten, dass es so nicht stimmt. **Aber:** Hier ist ein Kind, das wenig Taschengeld bekommt. b) Maß, Kloß d) heiß, reißen
„wider" oder „wieder"?	„Wider" im Sinne von „gegen/zurück" wird ohne „e" geschrieben (a). Im Sinne von „nochmals" gebraucht, wird „wieder" mit „e" geschrieben (b).	a) Widerhaken, Widerworte, widerscheinen, widerwillig b) wiedersehen, wiederholen, Wiedergabe
„seit" oder „seid"?	Ist „seit" mit einer Zeitangabe verbunden, wird es mit „t" geschrieben (a). Wenn es von „sein" abgeleitet ist, schreibt man es mit „d" (b).	a) seit letzter Woche, seit du nicht mehr kommst, seit heute Morgen b) Seid ihr alle da? Seid gegrüßt!
„tod" oder „tot"?	Zusammengesetzte Adjektive, deren Bestimmungswort das Substantiv „Tod" ist, schreibt man mit „d" (a). Zusammengesetzte Verben mit dem Adjektiv „tot" als Bestimmungswort werden mit „t" geschrieben (b).	a) todtraurig, todlangweilig b) totarbeiten, totschlagen

	Regel	Beispiele
„end" oder „ent"?	Ist die Silbe von „Ende" abgeleitet, schreibt man mit „d" (a). Die Vorsilbe „ent-" wird mit „t" geschrieben (b).	a) endlos, Endpunkt b) entkommen, entgehen, entgleisen, Entgelt
„stadt" oder „statt"?	Bezieht „stadt" sich auf eine Siedlung, so wird es mit „dt" geschrieben (a). Ist „Stelle" oder „Platz" gemeint, schreibt man „statt" (b).	a) Stadtwald, Industriestadt, Stadtrat, Städtereise b) Statthalter, Werkstatt, Tagesstätte
„ig" oder „-lich"?	Hier gibt es nur die Regel, dass „-ig" auf jeden Fall stehen muss bei Adjektiven, deren Wortstamm auf „-l" endet (a). Bei allen anderen Fällen gibt es keine eindeutige Zuordnung, außer bei Stammwörtern auf „-ig", deren Adjektive immer mit „-lich" zu bilden sind (b). Auf die anderen Adjektive wie „traurig", „mutig", „freundlich", „deutlich" usw. ist keine Regel anzuwenden.	a) ölig, adlig b) königlich, ewiglich
zwei oder drei gleiche Konsonanten (Mitlaute)?	Treffen drei gleiche Konsonanten in zusammengesetzten Wörtern aufeinander, so werden alle Konsonanten beibehalten (a). Bei Wörtern, die aus keiner Zusammensetzung entstanden sind, gilt diese Regel nicht (b). Möglich ist, zum besseren Verständnis Bindestriche zu verwenden (c).	a) Flanelllappen, Balletttänzer b) Drittel, Mittag c) Tee-Ernte, Stoff-Fetzen

# Ran an die Übungsaufgaben!

Entscheiden Sie, in welcher Zeile keine Fehler zu finden sind, und tragen Sie den richtigen Lösungsbuchstaben in das jeweilige Lösungsfeld ein.

1. a) Schon wieder war es ihm so schwindelig und er war todmüde.
b) Schon wider war es ihm so schwindelig und er war totmüde.
c) Schon wieder war es ihm so schwindelich und er war totmüde.
d) Schon wider war es ihm so schwindelich und er war todmüde.
Lösung:

2. a) Seit ihr alle da seit, ist er zufrieden.
b) Seid ihr alle da seid, ist er zufrieden.
c) Seit ihr alle da seid, ist er zufrieden.
d) Seid ihr alle da seit, ist er zufrieden.
Lösung:

3. a) Statt meines Freundes kam schon wieder dessen Schwester.
b) Statt meines Freundes kam schon wider dessen Schwester.
c) Stadt meines Freundes kam schon wieder dessen Schwester.
d) Stadt meines Freundes kam schon wider dessen Schwester.
Lösung:

4. a) Der Schwimmeister warf ihn endgültig aus dem Bad hinaus.
b) Der Schwimmmeister warf ihn entgültig aus dem Bad hinaus.
c) Der Schwimmeister warf ihn entgültig aus dem Bad hinaus.
d) Der Schwimmmeister warf ihn endgültig aus dem Bad hinaus.
Lösung:

5. a) Es passierte hier mehr als einmal, das sich die Raser totfuhren.
b) Es passierte hier mehr als einmal, das sich die Raser todfuhren.
c) Es passierte hier mehr als einmal, dass sich die Raser todfuhren.
d) Es passierte hier mehr als einmal, dass sich die Raser totfuhren.
Lösung:

6. a) Unentgeltlich durfte er das Statttheater nicht betreten.
  b) Unentgeltlich durfte er das Stadttheater nicht betreten.
  c) Unendgeltlich durfte er das Stadttheater nicht betreten.
  d) Unendgeltlich durfte er das Statttheater nicht betreten.
  Lösung:

7. a) Das Pappplakat war schon wider eingerissen.
  b) Das Papplakat war schon wider eingerissen.
  c) Das Pappplakat war schon wieder eingerissen.
  d) Das Papplakat war schon wieder eingerissen.
  Lösung:

Ein kleiner Strich mit großer Wirkung: Die Kommasetzung

Machen Sie sich fit mit den wichtigsten Regeln:

	Regel	Beispiele
Aufzählungen	Zwischen den einzelnen Wörtern einer Aufzählung steht jeweils ein Komma. Wird das letzte Wort mit „und" oder „oder" angeschlossen, so entfällt das letzte Komma.	Auf dem Markt gab es Äpfel, Birnen, Pflaumen und noch anderes Obst. Sie kam, sah und siegte.
Nebensätze und Hauptsätze	Das Komma trennt zwei Hauptsätze (a). Auch vor- und nachgestellte Nebensätze werden durch ein Komma abgetrennt (b). Zwischensätze werden durch Kommas eingeschlossen (c).	a) Jeden Sonntag machte er einen Spaziergang durch den Park, sein Hund begleitete ihn. b) Ich ging ins Kino, weil der Film so gut sein sollte. c) Der Wanderer sah, weil das Wetter schlecht war, die Berge nur sehr unscharf am Horizont.

	Regel	Beispiele
Infinitivsätze mit „zu" (Infinitiv ist die Grundform eines Verbs)	In Infinitivgruppen ist die Kommasetzung im Allgemeinen freigestellt. Das Komma kann gesetzt werden, um die bestehende Gliederung eines Satzes zu betonen (a). **Aber:** Zielt ein hinreichendes Wort auf die Infinitivgruppe, muss ein Komma gesetzt werden (b).	a) Wir baten ihn (,) uns den Weg zu zeigen. Er hatte es versäumt (,) seinen Chef zu benachrichtigen. Die Mutter verlangt von ihrer Tochter (,) die Aufgaben sorgfältig zu rechnen. b) Er bestand darauf, selbst zu fahren.
Infinitivsatz mit „um zu", „ohne zu", „anstatt zu"	Den erweiterten Infinitiv mit „zu" **kann** man durch ein Komma abtrennen. Die Gliederung des Satzes wird deutlicher. Eventuelle Missverständnisse lassen sich vermeiden.	Wir arbeiten (,) um zu leben. Ohne zu überlegen (,) rettete sie das Kind. Anstatt zu sparen (,) gab er sein ganzes Geld aus.
Orts- und Datumsangaben und Adressen	Mehrteilige Wohnungs- und Datumsangaben sind durch ein Komma zu trennen. **Aber:** Das abschließende Komma muss nicht gesetzt werden. Es darf entfallen.	Der Einrichtungsberater Wollmann, Hamburg, Neue Fahrt 17 (,) hat die Rechnung geschickt. Das Reitturnier sollte bereits am Dienstag, dem 4. Mai (,) stattfinden. Frau Dr. Pauls ist von Kiel, Alte Bleiche 38 (,) in ihren Neubau gezogen.
Appositionen (Beisätze)	Appositionen werden durch Kommas eingeschlossen (a). Stehen sie am Ende eines Satzes, werden sie durch ein Komma abgegrenzt (b).	a) Frau Meier, eine zuverlässige Mitarbeiterin, bearbeitete den Geschäftsvorgang allein. Frank, mein bester Freund, half mir bei den Hausaufgaben. b) Das Auto lieh er Frau Vaupel, seiner besten Freundin. Die Quittung gab er Herrn Müller, dem Leiter der Einkaufsabteilung.

	Regel	Beispiele
Sätze mit „und" bzw. „oder"	Durch „und" bzw. „oder" verbundene Hauptsätze werden im Allgemeinen nicht mehr durch ein Komma getrennt. **Aber:** Um die Gliederung der Satzteile hervorzuheben, kann es gesetzt werden.	Morgen werden wir in Dresden sein (,) und wir suchen dort den Park auf. Sollen wir die Ware heute schon bringen (,) oder haben wir Zeit bis morgen?
Nachgestellte genauere Bestimmungen	Vor nachgestellten genaueren Bestimmungen, die durch „und zwar", „das heißt", „zum Beispiel" usw. eingeleitet sind, steht ein Komma.	Kommt bitte gleich, und zwar in den Amselweg. Die Ware war unverzüglich zu liefern, das heißt ohne schuldhaftes Verzögern.
Mehrere Adjektive vor einem Substantiv	Bei mehreren Adjektiven fragt man danach, ob die Adjektive in beliebiger Reihenfolge stehen können oder ob sie gleich stark betont werden oder ob man sie mit „und" aneinander reihen kann: In diesen Fällen handelt es sich um eine Aufzählung und es muss ein Komma gesetzt werden (a). Anderenfalls ist es ein Gesamtbegriff (b).	a) Ein großer, alter, verbeulter Wagen; ein trüber, freudloser Tag; das kleine, unaufgeräumte Zimmer b) mein bevorzugtes italienisches Restaurant; der umstrittene amtliche Beschluss; die gute alte Zeit
Adjektivgruppen	Nachgestellte Adjektivgruppen werden durch ein Komma abgetrennt (a). Durch ein Komma eingeschlossen werden eingeschobene Adjektivgruppen (b).	a) Er liebte Musik, laut und rhythmisch. b) Ihr Pelzmantel, wertvoll und teuer, hatte sie bisher gut vor der Kälte geschützt. Für seine Wohnung, geräumig und kostbar ausgestattet, musste er eine hohe Miete zahlen.
Anreden und Ausrufe	Das Komma steht nach Anreden und Ausrufen.	Frau Koch, bringen Sie mir bitte die Akten. Oh, das tut mir aber leid.

Ran an die Übungsaufgaben!

Entscheiden Sie bei den folgenden Aufgaben, in welchem Satz die Kommas richtig gesetzt wurden und tragen Sie ihren Lösungsbuchstaben in das Lösungsfeld ein.

1. a) In seinem schönen, neuen Auto fuhr er nach Frankfurt, und zwar zum Flughafen.

b) In seinem schönen neuen Auto fuhr er nach Frankfurt und zwar zum Flughafen.

c) In seinem schönen neuen Auto fuhr er nach Frankfurt, und zwar zum Flughafen.

d) In seinem schönen, neuen Auto fuhr er nach Frankfurt und zwar zum Flughafen.

Lösung: ▨

2. a) Er hatte sich besonders viel Mühe gegeben, weil er davon überzeugt war schon bald am Ziel zu sein.

b) Er hatte sich besonders viel Mühe gegeben weil er davon überzeugt war, schon bald am Ziel zu sein.

c) Er hatte sich besonders viel Mühe gegeben weil er davon überzeugt war schon bald am Ziel zu sein.

d) Er hatte sich besonders viel Mühe gegeben, weil er davon überzeugt war, schon bald am Ziel zu sein.

Lösung: ▨

3. a) Liebe Tante wenn du am Sonntag nach Frankfurt kommst besuche bitte Herrn Müller, Heckenwiesenweg 9.

b) Liebe Tante, wenn du am Sonntag nach Frankfurt kommst besuche bitte Herrn Müller, Heckenwiesenweg 9.

c) Liebe Tante, wenn du am Sonntag nach Frankfurt kommst, besuche bitte Herrn Müller Heckenwiesenweg 9.

d) Liebe Tante, wenn du am Sonntag nach Frankfurt kommst, besuche bitte Herrn Müller, Heckenwiesenweg 9.

Lösung: ▨

4. a) Sein interessantes, naturwissenschaftliches Studium musste er schnell beenden, und zwar innerhalb der nächsten vier Monate, weil sein Geld knapp wurde.

b) Sein interessantes naturwissenschaftliches Studium musste er schnell beenden, und zwar innerhalb der nächsten vier Monate, weil sein Geld knapp wurde.

c) Sein interessantes, naturwissenschaftliches Studium musste er schnell beenden, und zwar innerhalb der nächsten vier Monate weil sein Geld knapp wurde.

d) Sein interessantes naturwissenschaftliches Studium musste er schnell beenden und zwar innerhalb der nächsten vier Monate weil sein Geld knapp wurde.

Lösung:

5. a) Die Versteigerung findet Mittwoch den 20. Januar, um 12 Uhr in Kassel, Wilhelmshöher Weg 32 statt.

b) Die Versteigerung findet Mittwoch, den 20. Januar um 12 Uhr in Kassel, Wilhelmshöher Weg 32 statt.

c) Die Versteigerung findet Mittwoch, den 20. Januar um 12 Uhr, in Kassel, Wilhelmshöher Weg 32 statt.

d) Die Versteigerung findet Mittwoch, den 20. Januar, um 12 Uhr in Kassel Wilhelmshöher Weg 32 statt.

Lösung:

6. a) Im Sommer werden wir Urlaub im schönen, sonnigen Italien machen, oder eine Reise nach Amerika buchen.

b) Im Sommer werden wir Urlaub im schönen sonnigen Italien machen, oder eine Reise nach Amerika buchen.

c) Im Sommer werden wir Urlaub im schönen, sonnigen Italien machen oder eine Reise nach Amerika buchen.

d) Im Sommer werden wir Urlaub im schönen sonnigen Italien machen oder eine Reise nach Amerika buchen.

Lösung:

Jetzt wollen wir es wissen – Rechtschreibung und Zeichensetzung: Eine vollständige Übung

Erklärung: Der nachfolgende Text enthält Rechtschreib- und Zeichensetzungsfehler. Ihre Aufgabe besteht darin, zu erkennen, in welchen Spalten jeder Zeile sich Fehler finden. Verbessern Sie bitte die Fehler und tragen Sie die Nummern der fehlerhaften Spalten in die Lösungsspalte ein. Bei fehlerfreien Zeilen ist eine Null in die Lösungsspalte einzutragen. Die ersten drei Zeilen dienen als Muster und enthalten bereits die Korrekturen.

Zeile	1	2	3	4	Fehler in Spalte
1	Fritzla den 11.1.20..		Zeit Dir	über mein Vor-	1
2	Lieber Frank, erst	heute morgen finde ich	zu berichten.		2,3
3	stellungsgespräch	bei der Firma Lohhaus			
4			die Einladung zu	dem Gespräch erhielt.	
5	Toll war das, als	ich vor ein Paar Wochen	Intresse habe ich	geweckt man will mich	
6	Wider einmal Glück	gehabt, dachte ich.	in die engere Wahl der	Bewerber zu kommen.	
7	kennen lernen.	Ich habe es geschafft	anfangs einen Kloss	im Hals und feuchte	
8	Als es dann soweit	wahr, hatte ich aber doch	verschwand.	Der Interviwer,	
9	Hände, was im	laufe des Vormittags	der Firma Lohaus	bat mich zu	
10	es war der	Ausbildungsleiter	in der	Kölnerstraße 6.	
11	einem Einzelgespräch	in sein Büro	haltend setzte ich	mich totesmutig	
12	Freundlich lächelnd	und Augenkontakt	Zigarette lehnte	ich sicherheitshalber	
13	auf den Besucherstuhl.	Die angebotene	nicht schon als	Test gedacht war.	
14	ab. Man weiß ja	nicht ob dies	mir eine Tasse Kafee	ein und dann	
15	Seine sehr stadtliche	Sekretärin schenkte	ich daran gedacht	hatte mich	
16	ging es los.	Wie gut, das	Einem Ratgeber	zum Thema	
17	auf dieses Gespräch	vorzubereiten.	allerlei nützliches	entnehmen.	
18	Vorstellungsgespräche	konnte ich dabei			

Zeile	1	2	3	4	Fehler in Spalte
19	Viele Fragen die	gestellt wurden,	waren	Standartfragen,	
20	auf die ich	mich vorbereitet	hatte. Sie	betrafen im	
21	besonderen folgende	Themenbereiche:	Grund der Bewerbung,	Ausbildungsweg,	
22	familijäre	Situation und	meine Hobbies.	Die sachlichen	
23	prezise gestellten	Fragen versuchte	ich ohne	Abschweifungen zu	
24	beantworten.	Auserdem habe	ich aber jede	Möglichkeit dazu	
25	genutzt das	Gespräch	mitzugestalten,	denn wer	
26	fragt, zeigt	Engagemont und	Zielstrebigkeit.	Meine Fragen bezogen	
27	sich auf die Probezeit,	die Ausbildungsvergütung,	die betrieblichen	Weiterbildungsmöglichkeiten	
28	und die	eventuelle Chanze	später weiter	beschäftigt zu werden.	
29	Nachdem das	Vorstellungsgespräch	beentet war,	habe ich leider	
30	kein Ergebnis	mitgeteilt	bekommen. Die	entgültige	
31	Nachricht	soll ich bis	kommenden mittwoch	erhalten. Ich	
32	wäre totunglücklich,	wenn die	Sache nicht klappt.	Siecher ist	
33	es aber dass	beste bis	dahin guter	Hoffnung zu sein.	
34	Ich grüße Dich	und Deine	Eltern. Dein	Freund Christian	

Manche mögen's kompliziert:
Fremdwörter und ihre Bedeutung

Ran an die Übungsaufgaben!
Was bedeuten die folgenden Fremdwörter? Für diese Aufgaben benötigen Sie ein separates Blatt. Bitte notieren Sie Ihre Antworten darauf.

1. adoptieren
2. Affekt
3. agieren
4. Bredouille
5. brisant
6. Datscha
7. delegieren
8. Effekt
9. Emigrant
10. Fanatiker
11. Fata Morgana
12. Galaxis
13. gravierend
14. Handikap
15. Helikopter
16. Import
17. Individuum
18. Jura
19. Kalkulation
20. Kamorra
21. legitim
22. Limit
23. manipulieren
24. Memoiren
25. Niveau
26. nonstop
27. Ökologie
28. optimieren
29. Plagiat
30. Pseudonym
31. qualifizieren
32. rabiat
33. Racket
34. Single
35. symmetrisch
36. Teamwork
37. technokratisch
38. universell
39. Vegetation

Raten ist hier nicht gefragt:
Die richtige Schreibweise von Fremdwörtern

Ran an die Übungsaufgaben!
Entscheiden Sie, welche der folgenden Schreibweisen die richtige ist, und tragen Sie dann den Lösungsbuchstaben in das Lösungsfeld ein!

Auf-gabe	a	b	c	d	Lösung
1.	Akademie	Akatemie	Agademie	Akatemi	
2.	alfabetisch	alphabethisch	alphabetisch	allphabetisch	
3.	Animateur	Annimateur	Animatör	Animattör	
4.	Bluhjeans	Bluegins	Blueschins	Bluejeans	
5.	Kaos	Kahos	Chaoss	Chaos	
6.	Desainer	Designer	Deseihner	Disigner	

Auf-gabe	a	b	c	d	Lösung
7.	dißqualifizieren	diskwalifizieren	disqualifizieren	disquallifizieren	
8.	einchecken	einschecken	einschäken	eincheken	
9.	emanzipieren	emannzipieren	emanziehpiren	emanzipiren	
10.	Fitnesszenter	Fitnesscenter	Fitnesscänter	Vitnesscenter	
11.	votografieren	fotogravieren	photokraphieren	fotografieren	
12.	Gouferneur	Gouvernör	Guverneur	Gouverneur	
13.	Heisoceiety	Haisoseiety	Highsociety	Haisociety	
14.	idendifizieren	identifizieren	idäntifizieren	identivizieren	
15.	Jäckpot	Jackpot	Schäckpot	Jackpott	
16.	Kassette	Kaßette	Kassätte	Kasette	
17.	Lähgings	Legings	Läggings	Leggings	
18.	Menagement	Managemänd	Management	Mänagement	
19.	Nosstalgie	Nossthalgie	Nostalgie	Nostalgi	
20.	Ökonomie	Öckonomie	Ökonomi	Ökonommi	
21.	pahradoxs	paradoks	paradox	paradocks	
22.	Rehabillitation	Rehabilitation	Rehabilitazion	Rähabilitation	

Kürzer, aber manchmal auch verwirrend: Abkürzungen

Ran an die Übungsaufgaben!
Was bedeuten die folgenden Abkürzungen? Notieren Sie sich bitte Ihre Antworten auf einem separaten Blatt.

1. BAFöG	**8.** EU	**15.** usw.	**22.** hl
2. DIN	**9.** UN	**16.** lfd.	**23.** AG
3. dpa	**10.** JArbSchG	**17.** Bsp.	**24.** Mrd.
4. EDV	**11.** u. a.	**18.** kath.	**25.** DGB
5. PC	**12.** d. h.	**19.** südd.	**26.** Mio.
6. BGB	**13.** kg	**20.** KW	**27.** Min.
7. BLZ	**14.** ev.	**21.** km/h	**28.** IHK

Einen Blick für die Feinheiten haben: Gemeinsame Überbegriffe

Erklärung: Hier sind fünf Wörter vorgegeben, von denen vier eine gemeinsame Eigenschaft besitzen. Finden Sie heraus, welches Wort nicht dazupasst.

Beispiel: a) Skischuh b) Tennisschuh c) Joggingschuh d) Ballettschuh e) Arbeitsschuh

Lösung: e ist die richtige Lösung, da Arbeitsschuhe nicht in die Gruppe der Sportschuhe gehören.

Ran an die Übungsaufgaben!
Finden Sie heraus, welches Wort nicht zu den anderen passt, und setzen Sie den Lösungsbuchstaben in das vorgesehene Lösungsfeld.

Auf-gabe	a	b	c	d	e	Lösung
1.	Brot	Fleisch	Suppe	Wurst	Gemüse	
2.	laufen	gehen	rennen	schlendern	schwimmen	
3.	Jacke	Hose	Unterhemd	Mantel	Rock	
4.	quadratisch	rechtecktig	oval	kurz	rund	
5.	Hotel	Restaurant	Lokal	Bistro	Café	
6.	Rolltreppe	Leiter	Treppe	Aufzug	Fallschirm	
7.	Mofa	Auto	Motorrad	Motorroller	Dreirad	
8.	addieren	verringern	reduzieren	abnehmen	subtrahieren	
9.	Mandant	Besucher	Klient	Patient	Kunde	
10.	dick	dünn	füllig	schlank	klug	
11.	Wolle	Leinen	Baumwolle	Polyamid	Seide	
12.	eincremen	schminken	waschen	kämmen	montieren	
13.	Holz	Gummi	Leder	Plastik	Stoff	
14.	Hessen	Bayern	Thüringen	Hamburg	Niedersachsen	
15.	übergeben	einpacken	aushändigen	zuführen	anreichen	
16.	Pflaume	Traube	Apfel	Birne	Gurke	
17.	morgen	jetzt	demnächst	bald	in Kürze	
18.	Buche	Birke	Eiche	Tanne	Ahorn	

Auf-gabe	a	b	c	d	e	Lösung
19.	ansehnlich	generös	spendabel	großzügig	freigebig	
20.	Dialog	Gespräch	Vortrag	Erörterung	Diskussion	
21.	flexibel	grundlegend	fundamental	absolut	grundsätzlich	
22.	Hast	Hektik	Trubel	Ruhe	Wirbel	
23.	bemerken	feststellen	registrieren	mitnehmen	konstatieren	
24.	Schrittmacher	Nachfolger	Wegbereiter	Entdecker	Bahnbrecher	
25.	demütigen	erniedrigen	herabsetzen	entwürdigen	anerkennen	

Erkennen, wie die Sache weitergeht: Satzergänzungen finden

Erklärung: Hier sind Sätze vorgegeben, bei denen jeweils ein Wort fehlt. Finden Sie aus vier vorgegebenen Worten das richtige heraus.
Beispiel: Im Märchen ist der Igel schneller als der ...
a) Elefant   b) Mensch   c) Hase   d) Hirsch
Lösung: c

Ran an die Übungsaufgaben!
Bitte schreiben Sie den Lösungsbuchstaben des Wortes, das den Satz korrekt vervollständigt, in das vorgesehene Lösungsfeld.

1. Moderne Industriebetriebe arbeiten häufig mit
a) Kränen   b) Fräsmaschinen   c) Robotern   d) Werkbänken
Lösung:

2. Das schnellste Verkehrsmittel ist das/die
a) Auto   b) Flugzeug   c) Motorrad   d) Rakete
Lösung:

3. Wenn das Preisniveau in einem Land gegenüber dem letzten Jahr angestiegen ist, bezeichnet man dies als
a) Inflation   b) Deflation   c) Währungskrise   d) Güterbeschränkung
Lösung:

4. Propaganda gilt als eine besondere Form der
a) Werbung   b) Politik   c) Geschichte   d) Produktforschung
Lösung: ▨

5. Zu den Exportgütern der Bundesrepublik gehören vor allem
a) Computer   b) Videorekorder   c) Uhren   d) Autos
Lösung: ▨

6. Gold ist teuer, weil es … ist.
a) schwer   b) rostfrei   c) knapp   d) schön
Lösung: ▨

7. Das geschäftsführende Organ von Aktiengesellschaften ist der
a) Vorstand   b) Aufsichtsrat   c) Personalrat   d) Betriebsrat
Lösung: ▨

8. Das Gegenteil von gewalttätig ist
a) angepasst   b) einsichtsvoll   c) feige   d) friedfertig
Lösung: ▨

9. Gutenberg war der Erfinder der
a) Papierherstellung   b) Dampfmaschine   c) Fotografie
d) Buchdruckerkunst
Lösung: ▨

10. Der Sohn von dem Bruder meines Vaters ist mein
a) Neffe   b) Cousin   c) Schwager   d) Onkel
Lösung: ▨

11. Um in bestimmte Länder einreisen zu können, benötigt man ein/eine
a) Scheckkarte   b) Geburtsurkunde   c) Visum   d) Kreditkarte
Lösung: ▨

12. Menschen, die depressiv sind, leiden häufig unter
a) Traurigkeit   b) Atemnot   c) Geldmangel   d) Platzangst
Lösung: ▨

Hier kommt es auf „Beziehungskisten" an: Analogien finden

Erklärung: Drei Wörter werden Ihnen vorgegeben. Zwischen dem ersten Begriffspaar besteht eine gewisse Beziehung. Ihre Aufgabe ist es, diese Beziehung zu erkennen und dem dritten Begriff eines der fünf Lösungswörter zuzuordnen, damit sich eine ähnliche Beziehung (Analogie) ergibt wie bei dem ersten Begriffspaar.

Beispiel: Deutschland : Berlin = Spanien : ?

a) Madrid   b) Portugal   c) Barcelona   d) Lissabon   e) Valencia

Lösung: a ist die richtige Lösung, da Madrid die Hauptstadt von Spanien ist, genau wie Berlin die Hauptstadt von Deutschland ist.

Ran an die Übungsaufgaben!
Entscheiden Sie, welches die richtige Lösung ist, und setzen Sie den Lösungsbuchstaben in das vorgesehene Feld.

1. Apfel : Wurm = Eisen : ?
a) Farbe   b) Rost   c) Stahl   d) Hochofen   e) Stanze
Lösung:

2. dick : dünn = lang : ?
a) kurz   b) weit   c) schlank   d) schmal   e) groß
Lösung:

3. Eisberg : Titanic = Römer : ?
a) Italien   b) Germanen   c) Schiff   d) Hunnen   e) Karthago
Lösung:

4. Auto : Reifen = Mensch : ?
a) Schuh   b) Straße   c) Strumpf   d) Sohle   e) Socke
Lösung:

5. Erfolg : Fleiß = Lohn : ?
a) Geld   b) Arbeit   c) Angst   d) Einkommen   e) Schule
Lösung:

6. Buch : Seite = Besen : ?
a) Stiel   b) Kammer   c) Borsten   d) Einband   e) Kehrblech
Lösung:

7. Motor : Benzin = Mensch : ?
a) Auto   b) Kleidung   c) Flugzeug   d) Nahrung   e) Haus
Lösung:

8. Pfarrer : Gemeinde = Mutter : ?
a) Vater   b) Eltern   c) Tante   d) Kind   e) Schwester
Lösung:

9. Wunde : Pflaster = Reifen : ?
a) Auto   b) Werkstatt   c) Ersatzrad   d) Flicken   e) Felge
Lösung:

10. Regenschirm : Regen = Damm : ?
a) Wasser   b) Bach   c) Flut   d) Hafen   e) Strand
Lösung:

11. Vortrag : Witz = Speise : ?
a) Gewürz   b) Restaurant   c) Speisekarte   d) Getränk   e) Ober
Lösung:

12. Schreibmaschine : PC = Schallplatte : ?
a) Videorekorder   b) Walkman   c) Plattenspieler   d) CD
e) Fernsehapparat
Lösung:

13. Thermometer : Temperatur = Barometer : ?
a) Kälte   b) Stromstärke   c) Luftdruck   d) Windstärke
e) Luftfeuchtigkeit
Lösung:

14. Herz : Herzschlag = Motor : ?
a) Watt   b) PS   c) Drehzahl   d) Laufruhe   e) Zylinderzahl
Lösung: ▨

15. schwarz : Trauer = weiß : ?
a) Freude   b) Hochzeit   c) Brautkleid   d) Kirche   e) Festlichkeit
Lösung: ▨

Anfang oder Ende sind gefragt: Sinnvolle Stammwörter

Erklärung: Bei den folgenden Aufgaben soll zu den Begriffen jeweils ein Wort gefunden werden, das allen drei Begriffen sinnvoll vorangestellt werden kann.

Ran an die Übungsaufgaben!
Für die folgenden Aufgaben benötigen Sie wieder ein separates Blatt. Bitte notieren Sie sich darauf Ihre Lösungen.

1. … schrank	… ordner	… tasche
2. … mantel	… kappe	… meister
3. … stuhl	… lampe	… ordnung
4. … gaube	… decker	… ziegel
5. … mann	… stahl	… stein
6. … licht	… höhe	… katastrophe
7. … amt	… haus	… wirtschaft
8. … abend	… anzug	… vorstellung
9. … stange	… predigt	… schnur
10. … ball	… wurzel	… schuhe
11. … halt	… herr	… ordnung
12. … effekt	… frosch	… bonbon
13. … schatten	… arzt	… klinik
14. … arzt	… versuch	… räume
15. … pumpe	… fahrt	… kissen

Erklärung: Bei den nächsten Aufgaben geht es darum, eine gemeinsame Fortsetzung zu finden, die zu den vorgegebenen Begriffen passt. Schreiben Sie bitte auch hier Ihre Antworten auf ein Blatt.

16. Unfall ...	Spielzeug ...	Schrott ...
17. Nadel ...	Laub ...	Stamm ...
18. Stuhl ...	Holz ...	Stand ...
19. Haus ...	Arzt ...	Wochenend ...
20. Sommer ...	Garten ...	Wein ...
21. Haus ...	Trümmer ...	Traum ...
22. Blumen ...	Obst ...	Bier ...
23. Fenster ...	Panzer ...	Wein ...
24. Besen ...	Luft ...	Herz ...
25. Gas ...	Strom ...	Konzern ...
26. Tennis ...	Markt ...	Sitz ...
27. Wind ...	Schaufel ...	Motor ...
28. Bücher ...	Eis ...	Schlafzimmer ...
29. Rosen ...	Schlag ...	Wein ...
30. Ein ...	Suppen ...	Blumen ...

Wo man „sich schlau machen" kann: Informationsquellen zuordnen

Wie kommt man an Infos ran? Man muss die richtigen Quellen anzapfen! Unsere Gesellschaft wird auch als Informationsgesellschaft bezeichnet, denn die Beschaffung und Verarbeitung von Informationen ist heute wichtiger denn je. Für die unterschiedlichsten Zwecke benötigen Betriebe und auch Privatleute spezielle Informationen, die sie den verschiedensten Informationsquellen entnehmen.

Ran an die Übungsaufgabe!
Entscheiden Sie, welche Informationsquelle bzw. welches Informationsmaterial man heranziehen sollte, wenn man die nachstehend genannten Absichten verfolgt, und ordnen Sie dem jeweiligen Informationsbedarf die richtige Informationsquelle zu. Schreiben Sie Ihre Lösungen, bestehend aus Nummer und Buchstabe, in die Lösungsfelder, zum Beispiel 1 a, 2 b usw.

Informationsbedarf	Informationsquellen	Lösung
1. Einzelheiten einer Städtereise nach Paris	a) Gelbe Seiten	
2. die Bedeutung des Wortes „Dumping"	b) Zeitschrift der „Stiftung Warentest"	
3. Preis und Qualität von Videorecordern	c) Jugendarbeitsschutzgesetz	
4. der aktuelle Kurs der amerikanischen Währung	d) Reisekatalog	
5. Ausbildungsprofil von Zahntechnikerinnen	e) Fremdwörterlexikon	
6. die Anschriften von Gartenbaubetrieben in einer Stadt	f) Ausbildungsordnung	
7. der Urlaubsanspruch einer 16-jährigen Auszubildenden	g) Wirtschaftsteil einer Zeitung	
8. der Lebenslauf des Bundeskanzlers Adenauer	h) Beipackzettel	
9. die Funktionsweise eines speziellen Taschenrechners	i) Benutzerhandbuch	
10. das Betriebssystem eines Computers	j) Lexikon	
11. die richtige Schreibweise des Wortes „identifizieren"	k) Betriebsanleitung	
12. Anschriften und Telefonnummern von Ferienwohnungen auf der Insel Borkum	l) Duden	
13. die einzunehmende Menge eines Medikamentes	m) Gastgeberverzeichnis	

Wie halten Sie's mit Texten? – Aussagen von Texten erkennen und bewerten

In einer Informationsgesellschaft wie der unseren gibt es kaum noch ein Berufsbild, bei dem nicht schriftlich dargebotene Informationen aufgenommen, verarbeitet und bewertet werden müssen.

Die folgenden Aufgaben sind typische Beispiele dafür, wie Betriebe Ihre Fähigkeiten im Umgang mit Informationsquellen wie Sachtexten und Schaubildern testen. Eine gezielte Vorbereitung auf diese Testart ist kaum möglich, gibt es doch unzählige Testvarianten, die dem Prüfling zur Bearbeitung präsentiert werden können. Anhand der folgenden Übungsaufgaben können Sie sich jedoch mit dem Aufgabentyp vertraut machen, damit Sie in der Testsituation nicht von einer völlig unbekannten Testart überrascht werden.

Expertentipps:

▓ Lesen Sie die Texte und die dazugehörigen Aufgaben sehr gründlich durch. Mehrere „Textdurchgänge" sind sinnvoll. Die Gefahr, dass Sie wichtige Informationen übersehen, wird hierdurch geringer.

▓ Durchforsten Sie die Texte und die Aufgabenstellung nach zentralen Begriffen (Schlüsselwörtern).

▓ Zentrale Textpassagen sollten Sie unterstreichen oder mit einem Textmarker hervorheben.

▓ Sie können sich auch Randnotizen machen, die zum Beispiel auf Zusammenhänge oder eventuelle Widersprüche hinweisen.

▓ Auch bei Schaubildern sollten Sie zuerst nach Schlüsselbegriffen suchen. Besonders bei Bildern mit einer großen Informationsdichte ist es sinnvoll, das Bild zum eigenen Verständnis zu strukturieren. Unterstreichung und Randnotizen sind auch hier bewährte Hilfsmittel.

Ran an die Übungsaufgaben!
Bitte legen Sie sich für die folgenden Aufgaben wieder ein separates Blatt zurecht, auf dem Sie Ihre Antworten zu den folgenden Fragen notieren.

Aufgabe 1: Lesen Sie bitte den folgenden Dialog sorgfältig durch. Er beschäftigt sich mit der finanziellen Förderung, die der Staat Familien mit Kindern gewährt.

> Zwei Freundinnen treffen sich in einem Café. Tanja, 28 Jahre alt und verheiratet, hat vor einem Monat ihr zweites Kind bekommen. Silke, 31 Jahre und ledig, ist letzte Woche braun gebrannt von einer Florida-Reise zurückgekommen.
>
> Tanja: „Du hast es gut. Was du dir alles leisten kannst. Davon können wir nur träumen. Für Familien mit Kindern ist doch das alles nicht drin!"
>
> Silke: „Also, das verstehe ich nicht. Was alles für euch getan wird: Kindergeld, Steuererleichterungen, Erziehungsgeld und was weiß ich noch alles ..."
>
> Tanja: „Dass ich nicht lache. Denkst du, die paar Mark würden ausreichen, um ein Kind großzuziehen? Da müsste viel mehr rüberkommen vom Staat. Verdopplung des Kindergeldes und und und ..."
>
> Silke: „Quatsch! Woher soll denn das Geld kommen? Der Staat hat doch ohnehin genug Schulden!"
>
> Tanja: „Ihr Singlehaushalte müsstet noch viel mehr zur Kasse gebeten werden. Schließlich profitiert ihr im Alter ja auch von den Kindern, die dann berufstätig sind."
>
> Silke: „Nun geht's aber los! Wir Kinderlosen werden doch auch so schon vom Staat genug gebeutelt. Warum sollen wir dafür bestraft werden, dass ihr euch Kinder angeschafft habt? Das ist doch euer Privatvergnügen!"

a) Führen Sie die Argumente auf, die in dem Text für eine Erhöhung der Förderung genannt werden.

b) Welche Argumente gegen eine Erhöhung der Förderung werden genannt?

c) Wie ist Ihre Meinung? Kreuzen Sie bitte an und notieren Sie sich eine kurze Begründung dafür:

Ich bin ▨ für ▨ gegen eine Erhöhung der staatlichen finanziellen Förderung.

Aufgabe 2: Die folgenden Informationen über Individualversicherungen sollen bei dieser Aufgabe analysiert und bewertet werden.

Info 1:

Viele sind falsch versichert

Berlin ■ Die deutschen Versicherungskunden werden nach Auffassung von Verbraucherschützern durch Knebelverträge, Ausländerdiskriminierung in der Autoversicherung und über erhöhte Prämien für ältere Menschen in der privaten Krankenversicherung übervorteilt.

Nach Meinung der Arbeitsgemeinschaft der Verbraucherverbände (AgV) sind fast alle Bundesbürger falsch versichert. Sie zahlten für schlechten Versicherungsschutz jährlich etwa 120 Milliarden Euro Beiträge, davon schätzungsweise 18 Milliarden Euro wegen überteuerter Prämien und unsinniger Versicherungsabschlüsse zu viel. Versicherungsunternehmen könnten junge Leute aus der gesetzlichen auf die private Krankenversicherung mit zunächst niedrigen Prämien hinüberlocken, die erst später stark angehoben würden. Die jungen Leute würden „erst angelockt, dann abgezockt", meinte Meier.

Info 2:

Trauriges Ereignis

Eine 24-Jährige musste wegen einer Krankheit 206 Tage stationär behandelt werden. Die Kosten in Höhe von 210 000 Euro wurden voll von der privaten Krankenversicherung übernommen. Allein die Leistungen des Chirurgen schlugen mit 32 000 Euro zu Buche. Zusätzlich zu den Arzt- und Behandlungskosten erhielt die Patientin ein Krankenhaustagegeld von ca. 8 000 Euro.

Schwerer Unfall

Kurz vor Weihnachten nahm sich ein viel beschäftigter Selbstständiger die Zeit, eine Unfallversicherung abzuschließen. In den ersten Januartagen kam er mit seinem Pkw auf vereister Fahrbahn ins Rutschen. Der Mann konnte das Auto nicht mehr unter Kontrolle bringen und verunglückte tödlich. Dem einmal gezahlten Beitrag stand eine Versicherungsleistung in Höhe von 500 000 Euro gegenüber.

Info 3:

… versichert gegen Hunde-
bisse jeder Art:
ausgenommen sind lediglich
a) Bisse von männlichen
   Hunden,
b) Bisse von weiblichen
   Hunden.
Kastrierte Hunde
fallen nicht unter den
Begriff Hund …

a) Listen Sie die Argumente, die für und gegen Versicherungen aufgeführt
   werden, auf einem separaten Blatt auf.
b) Wie ist Ihre Meinung? Kreuzen Sie bitte an und notieren Sie Ihre Antwort:
   Ich sehe den Abschluss von Individualversicherungen ▨ eher positiv,
   ▨ eher negativ, weil …

Aufgabe 3: Bei dieser Aufgabe sollen Sie den Text analysieren und die Fragen zum Inhalt beantworten.

Bei Umweltbelastungen wird in der Bundesrepublik im Allgemeinen nach dem so genannten **Verursacherprinzip** verfahren. Danach sollten grundsätzlich denjenigen die Kosten einer Umweltbelastung angelastet werden, die sie herbeigeführt haben. Bei Schadensfällen ist der Verursacher zur Verantwortung zu ziehen und für den Schaden haftbar zu machen. Voraussetzung ist natürlich, dass der Verursacher überführt werden kann.

Ausdruck des Verursacherpinzips in der Bundesrepublik Deutschland sind die vielen relativ strengen Vorschriften, welche die Leistungserstellung der Betriebe nur unter bestimmten umweltschonenden Auflagen zulassen. Das Verursacherprinzip ist aus ihrer Sicht nicht ganz unumstritten, befürchten sie doch Wettbewerbsnachteile gegenüber Ländern mit einer großzügigeren Umweltgesetzgebung.

Überall dort, wo die Zurechnung auf den Verursacher nicht oder nur sehr schwer möglich ist, greift man auf das **Gemeinlastprinzip** zurück. Die entstandenen Kosten werden von der Allgemeinheit getragen und nicht selten vom Staat aus Steuermitteln finanziert. **Beispiele:** Ein in Konkurs gegangenes Unternehmen hat giftigen Müll nicht ordnungsgemäß entsorgt. Bedingt durch die Gefahrensituation wird hier der Staat die Kosten der Entsorgung übernehmen. Auch bei der Beseitigung der umweltschädigenden Altlasten in den neuen Bundesländern wird in vielen Fällen nicht das Verursacher-, sondern das Gemeinlastprinzip angewandt werden müssen.

---

a) Was versteht man unter dem Verursacherprinzip?
b) Erklären Sie das Gemeinlastprinzip.
c) Warum ist das Verursacherprinzip aus Sicht der Betriebe nicht unumstritten?
d) Warum lässt sich das Verursacherprinzip nicht immer anwenden?
e) Warum ist es besonders in den neuen Bundesländern manchmal schwierig, das Verursacherprinzip anzuwenden?

Aufgabe 4: Lesen Sie bitte den folgenden Text sorgfältig durch. Im Anschluss an den Text stehen sechs Aussagen. Nur eine von ihnen bezieht sich auf den Text. Die anderen fünf Aussagen sind falsch oder enthalten Informationen, die kein Bestandteil des Textes sind. Suchen Sie bitte die Aussage mit dem Textbezug. Schreiben Sie den richtigen Lösungsbuchstaben in das vorgesehene Feld.

So begann die staatliche Sozialpolitik

Eine Botschaft macht Geschichte: „Wir Wilhelm, von Gottes Gnaden …", so beginnt die Kaiserliche Botschaft, die am 17.11.1881 verkündet wurde. Das Datum gilt als Geburtsstunde der deutschen Sozialversicherung. Drei Versicherungszweige entstanden damals: 1883 die gesetzliche Krankenversicherung, 1884 die gesetzliche Unfallversicherung und 1889 die gesetzliche Rentenversicherung für Arbeiter. Die vorerst letzte Entwicklungsstufe war die Einführung der gesetzlichen Pflegeversicherung 1995.

Welches Ziel verfolgte damals der Staat mit der Einführung der Sozialversicherung? Wir wissen heute, dass es keine humane Überlegung, sondern politische Taktik war, die zu diesem Schritt führte. Durch soziale Verbesserungen sollte das politische System stabilisiert werden. Die Missstände einer frühkapitalistischen Entwicklung hatten nämlich zu einem sozialen Elend geführt, durch das der innerstaatliche Frieden gefährdet wurde. Armut und Krankheit bedrohten die Menschen jener Zeit. Viele von ihnen waren vom Land in die großen Städte gezogen und hatten sich von der Schutz bietenden Großfamilie gelöst.

Die beginnende Industrialisierung war vielfach begleitet von Arbeitslosigkeit und wirtschaftlicher Not. Um das spärliche Familieneinkommen aufzubessern, mussten sogar Kinder zu unmenschlichen Bedingungen mitarbeiten.

Aussagen:

a) Die ersten Ursprünge der staatlichen Sozialpolitik lassen sich bis zum Beginn des 17. Jahrhunderts zurückverfolgen.

b) Um der zunehmenden Verelendung der arbeitenden Klasse in den Zeiten der beginnenden Industrialisierung entgegenzuwirken, wurde die Sozialversicherung auf den Weg gebracht.

c) Die gesetzliche Pflegeversicherung, als vorerst letzte Entwicklungsstufe der Sozialversicherung, konnte erst nach jahrelangem Ringen der Politiker eingeführt werden.

d) Kinderarbeit war in den Zeiten der Frühindustrialisierung üblich, da es galt, das geringe Einkommen der Familien aufzubessern.

e) Die Missstände der frühkapitalistischen Entwicklung wurden auf technischem Gebiet ausgelöst durch die Erfindung der Dampfmaschine.

f) Armut, Krankheit und die ständige Gefahr zum Militär eingezogen zu werden bedrohten die Menschen jener Zeit.

Lösung:

Machen Sie sich ein Bild davon:
Aussagen von Schaubildern erkennen

Ran an die Übungsaufgaben!
Für die zweite Aufgabe benötigen Sie wieder ein separates
Blatt, auf dem Sie Ihre Antworten notieren können.

Aufgabe 1: Welche der unten aufgeführten Informationen sind dem
folgenden Schaubild zu entnehmen?

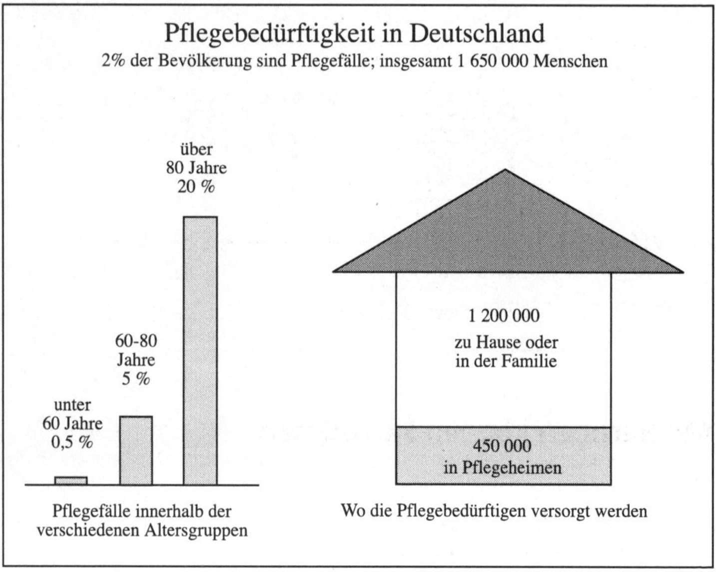

Pflegebedürftigkeit in Deutschland

2 % der Bevölkerung sind Pflegefälle; insgesamt 1 650 000 Menschen

über
80 Jahre
20 %

60-80
Jahre
5 %

unter
60 Jahre
0,5 %

Pflegefälle innerhalb der
verschiedenen Altersgruppen

1 200 000
zu Hause oder
in der Familie

450 000
in Pflegeheimen

Wo die Pflegebedürftigen versorgt werden

---

a) 20 % der Altersgruppe 60–80 Jahre sind pflegebedürftig.
b) In Pflegeheimen werden 450 000 der Pflegebedürftigen gepflegt.
c) Der Anteil der Pflegefälle in Deutschland beträgt 0,5 % der Bevölkerung.
d) Zu Hause oder in der Familie werden fast dreimal so viele Menschen gepflegt wie in Pflegeheimen.
e) Mit wachsendem Alter steigt die Pflegebedürftigkeit.
   Lösung(en): ▓▓ ▓▓

Aufgabe 2: Formulieren Sie drei Aussagen, die der folgenden Grafik entnommen werden können, und finden Sie eine eigene Überschrift.

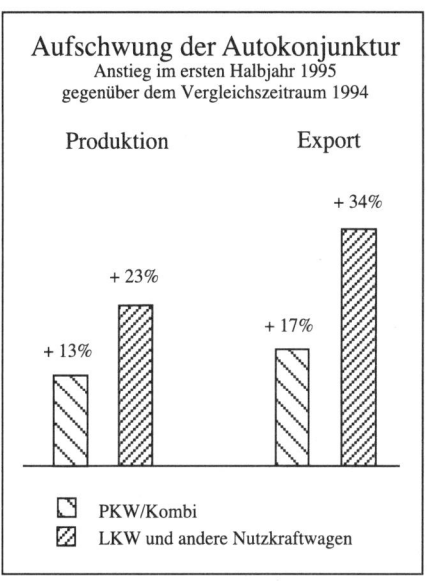

Mit Rechnen können Sie rechnen

Für alle, die bei dem Wort „Dreisatz" nur an eine olympische Disziplin erinnert werden, die sich also an das Fach Rechnen oder Mathematik der früheren Schuljahre nur ungern oder kaum noch erinnern, ist dieser Teil besonders wichtig.

In den meisten Einstellungstests für Ausbildungsplatzsuchende finden Sie nämlich neben dem Deutschteil auch Rechenaufgaben. Es handelt sich dabei nicht um solche aus der höheren Mathematik, sondern um durchaus lösbare Aufgaben, wenn … ja, wenn man noch wüsste, wie es damals ging. Aufgaben mit Dezimalzahlen und Brüchen sind häufig, aber auch Aufgaben mit Maßen und Gewichten kommen vor. Dies bezieht sich vor allem auf Tests für nicht-kaufmännische Berufe. In denen für kaufmännische Berufe und für die Verwaltung im öffentlichen Dienst, in den verschiedenen Ämtern, bei der Polizei, bei der Bahn usw. kommen erfahrungsgemäß noch Aufgaben aus der Zins-, Prozent-, Durchschnitts- und Verteilungsrechnung sowie vor allem Dreisatzaufgaben hinzu.

Am besten kann man sich auf die Aufgaben, die mit den Grundrechenarten zu lösen sind, und auf die Geometrieaufgaben vorbereiten.

„Ich kann aber nicht gut rechnen!" sagen viele und belassen es dabei. Sie hingegen sollten die Übungsaufgaben gründlich durcharbeiten und sich mit dem Satz motivieren: „Ich werde es schaffen!"

Grundrechenarten und Dezimalzahlen: Wiederholung aus der frühen Schulzeit

Expertentipp:
Es sieht leicht aus, doch Flüchtigkeitsfehler sind schnell gemacht. Rechnen Sie daher lieber langsam und genau. Machen Sie, wenn es die Zeit zulässt, jeweils noch eine Probe, indem Sie die Aufgabe noch einmal rechnen.

Ran an die Übungsaufgaben!
Benützen Sie für die folgenden Aufgaben auf keinen Fall einen Taschenrechner. Schreiben Sie den richtigen Lösungsbuchstaben in das vorgesehene Feld.

1.
```
      15,05
+    123,76
+  2 156,67
+     19,80
```
a) 2 315,28
b) 2 315,18
c) 2 205,28
d) 2 405,18
e) andere Lösung
Lösung: ▨

2.
```
     167,93
+  3 567,89
+     15,40
+      7,28
```
a) 3 647,50
b) 3 658,40
c) 3 558,31
d) 3 758,50
e) andere Lösung
Lösung: ▨

3.   8 756,45 kg   a) 28 328,72 kg   d) 26 358,62 kg
    +   590,00 kg   b) 28 368,72 kg   e) 28 567,72 kg
    + 11 377,90 kg   c) 28 457,72 kg   Lösung: ▨
    +   7 644,37 kg

4. 5,03 + 19,75 + 210,89 + 4 567,54 + 12 345,99 =
    a) 15 148,20   b) 17 194,02   c) 16 047,20   d) 15 149,20   e) 17 149,20
Lösung: ▨

5. 11 236,17 € + 34 567,00 € + 789,12 € + 3,50 €
    + 17,23 € + 2 365,40 € =
    a) 48 878,32 €   d) 48 897,32 €
    b) 46 798,42 €   e) 48 978,42 €
    c) 48 787,32 €   Lösung: ▨

6.   34 677,80   a) 27 316,53   d) 27 319,07
    −   7 358,73   b) 26 329,17   e) 27 429,07
                   c) 27 319,17   Lösung: ▨

7.   33 359   a) 31 549   d) 32 448
    −   24   b) 32 549   e) 29 449
    −   1 887   c) 30 449   Lösung: ▨
    −   999

Rechenhilfe:
Addieren Sie jeweils bei der Einer-, Zehner-, Hunderterstelle usw. die Zahlen, die Sie abziehen müssen und subtrahieren Sie dann die Summe. Bei Aufgabe 7 z. B. 9 + 7 + 4 = 20; bis 29 gerechnet bleiben auf der Einerstelle 9. Einfacher und vor allem sicherer geht es aber wie folgt: Addieren Sie auf dem Blatt für Nebenrechnungen zuerst die Zahlen, die Sie abziehen sollen. (Hier: 24 + 1 887 + 999 = 2 910) Dann schreiben Sie 33 359 − 2 910 untereinander und subtrahieren sie.

8. 27 544 − 2 877 − 3 455 − 107 − 29 − 399 =
    a) 20 678   b) 20 677   c) 21 677   d) 20 588   e) 20 587
Lösung: ▨

9. $13\,007 - 709 - 3\,889 - 19 - 1\,355 =$
a) 7 035   b) 7 135   c) 7 045   d) 7 225   e) 7 144
Lösung:

10. $10\,126,77 - 2\,355,89 - 12,35 - 137,88 - 245,60 =$
a) 7 465,04   b) 7 364,05   c) 7 375,05   d) 7 475,05   e) 8 475,05
Lösung:

11. $6\,624 - ? = 2\,736$
a) 3 987   b) 3 888   c) 3 788   d) 3 978   e) 9 360
Lösung:

Rechenhilfe:
Ziehen Sie 2 736 von 6 624 ab.

12. $12\,384 - ? = 8\,926$
a) 3 368   b) 3 578   c) 3 448   d) 3 358   e) 3 458
Lösung:

13. $8\,761,21 - ? = 2\,116,89$
a) 6 543,22   b) 6 644,32   c) 6 543,32   d) 6 544,22   e) 6 553,22
Lösung:

14. $1\,367 \cdot 508 =$
a) 659 426   b) 684 336   c) 594 326   d) 694 436   e) 544 526
Lösung:

15. $20\,387 \cdot 1\,865 =$
a) 38 021 755   b) 28 921 755   c) 36 022 765
d) 38 922 655   e) 38 022 975   Lösung:

16. $8\,978,12 \cdot 376,50 =$
a) 3 370 462,16   b) 338 026 218   c) 33 802 621,80
d) 3 380 262,18   e) 338 026,218   Lösung:

17. 435 420 : 354 =
a) 112, Rest 336 b) 11 300 c) 1 230 d) 12 300 e) 123
Lösung:

18. 1 022 176 : ? = 544
a) 1 789 b) 18 790 c) 187 900 d) 1 887 e) 1 879
Lösung:

19. 0,0008 – 0,000012 =
a) 0,00788 b) 0,000788 c) 0,0788 d) 0,00078 e) 0,00788
Lösung:

20. 0,005 + 0,00045 =
a) 0,00545 b) 0,00095 c) 0,0095 d) 0,000545 e) 0,000095
Lösung:

21. 0,004 · 0,006 =
a) 0,0024 b) 0,00024 c) 0,000024 d) 0,0024 e) 0,024
Lösung:

22. 0,004 : 20 =
a) 2 b) 0,2 c) 0,02 d) 0,002 e) 0,0002
Lösung:

23. 0,24 : 0,006
a) 0,004 b) 0,0004 c) 4 d) 40 e) 400
Lösung:

Expertentipp:
Wenn Sie Schwierigkeiten hatten, dann sollten Sie unbedingt noch mehr üben. Stellen Sie sich selbst Aufgaben und überprüfen Sie Ihre Ergebnisse mithilfe des Taschenrechners.

Wissen ist besser als schätzen: Maßeinheiten

Längenmaße:
1 cm = 10 mm
1 dm = 10 cm = 100 mm
1 m = 10 dm = 100 cm = 1000 mm
1 km = 1000 m = 10 000 dm = 100 000 cm = 1 000 000 mm

Flächenmaße:
$1\ cm^2 = 100\ mm^2$
$1\ dm^2 = 100\ cm^2 = 10 000\ mm^2$
$1\ m^2 = 100\ dm^2 = 10 000\ cm^2 = 1 000 000\ mm^2$
$1\ a = 100\ m^2 = 10 000\ dm^2 = 1 000 000\ cm^2$
$1\ ha = 100\ a = 10 000\ m^2$
$1\ km^2 = 100\ ha = 10 000\ a = 1 000 000\ m^2$

Raummaße:
$1\ cm^3 = 1 000\ mm^3$
$1\ dm^3 = 1 000\ cm^3 = 1 000 000\ mm^3$
$1\ m^3 = 1 000\ dm^3 = 1 000 000\ cm^3 = 1 000 000 000\ mm^3$

Hohlmaße:
$1\ ml = 1\ cm^3$
$1\ cl = 10\ ml = 10\ cm^3$
$1\ l = 100\ cl = 1 000\ ml = 1\ dm^3$
1 hl = 100 l = 10 000 cl

Gewichte:
1 g = 1 000 mg
1 Pfd. = 500 g
1 kg = 2 Pfd. = 1 000 g
1 z = 50 kg
1 dz = 100 kg
1 t = 20 z = 1 000 kg = 1 000 000 g

Zeit:
1 min = 60 sec
1 h = 60 min = 3 600 sec

Ran an die Übungsaufgaben!
Versuchen Sie, sich die zuvor aufgeführten Maßeinheiten einzuprägen, bevor Sie die Aufgaben angehen. Schreiben Sie dann den Lösungsbuchstaben in das jeweilige Feld.

1. Wie viel m² hat ein Grundstück von 0,7 a?
a) 700 000 m²   b) 70 000 m²   c) 7 000 m²   d) 700 m²
e) 70 m²
Lösung:

2. 5 Stunden und 20 Minuten sind wie viel Sekunden?
a) 4 800   b) 19 200   c) 1 920   d) 18 000   e) 1 800
Lösung:

3. 6,4 hl sind wie viel cm³?
a) 640   b) 640 000 000   c) 640 000   d) 64 000   e) 6 400
Lösung:

4. 6 000 000 g sind wie viel Tonnen (t)?
a) 0,6 t   b) 6 t   c) 60 t   d) 3 t   e) 1,2 t
Lösung:

5. 34 ha sind wie viel a?
a) 3 400 a   b) 340 a   c) 34 000 a   d) 680 a   e) 1 700 a
Lösung:

6. 12 Liter sind wie viel cm³?
a) 120 cm³   b) 1 200 cm³   c) 12 000 cm³   d) 120 000 cm³
e) 1 200 000 cm³
Lösung:

7. 6,3 Stunden sind wie viel Minuten?
a) 630 min   b) 390 min   c) 618 min   d) 3 900 min   e) 378 min
Lösung:

8. 14 Zentner sind wie viel kg?
a) 700 kg   b) 1 400 kg   c) 14 000 kg   d) 140 000 kg   e) 7 000 kg
Lösung:

9. Aus einem Acker in Größe von 6,3 ha sollen 90 gleich große Baugrundstücke gemacht werden. Wie viel m² haben die Grundstücke?
a) 7 000 m²   b) 3 500 m²   c) 800 m²   d) 700 m²   e) 9 000 m²
Lösung:

10. Eine Terrasse mit 36 m² soll mit Platten in der Größe 40 cm x 30 cm belegt werden. Wie viel Platten benötigt man?
a) 30   b) 60   c) 3 000   d) 600   e) 300
Lösung:

11. Wie viel cm³ sind 0,5 m³?
a) 250 000 cm³   b) 50 000 cm³   c) 500 000 cm³   d) 5 000 cm³
e) 15 000 000 cm³
Lösung:

12. Ein Wasserbehälter fasst 860 Liter. Wie viel dm³ entspricht das?
a) 8,6 dm³   b) 86 dm³   c) 860 dm³   d) 8 600 dm³   e) 86 000 dm³
Lösung:

13. Eine bestimmte Menge einer chemischen Substanz wiegt 14 500 mg. Wie viel kg sind das?
a) 0,0145 kg   b) 0,145 kg   c) 1,450 kg   d) 14,5 kg   e) 145,00 kg
Lösung:

14. Ein Landwirt bewirtschaftet eine Fläche von 16,44 ha.
Wie viel a sind das?
a) 1,644 a   b) 164,4 a   c) 1 644 a   d) 16 440 a   e) 164 400 a
Lösung:

Damit Sie im Test keine Bruchlandung machen: Bruchrechnen

Bei einem Bruch steht über dem Bruchstrich der Zähler, darunter der Nenner. Bei $\frac{3}{8}$ zum Beispiel ist 3 der Zähler, 8 der Nenner. Dies ist ein „echter" Bruch, denn der Zähler ist kleiner als der Nenner. „Unecht" heißen Brüche wie zum Beispiel $\frac{8}{3}$, bei denen der Zähler größer als der Nenner ist. Eine ganze Zahl mit einem Bruch heißt „gemischte Zahl" ($3\frac{1}{3}$, $14\frac{2}{3}$ usw.).

Addition und Subtraktion

 Machen Sie sich fit mit den wichtigsten Regeln:

Regel		Beispiel
1. Addition gleich-namiger Brüche	Die Zähler der einzelnen Brüche werden addiert; der Nenner bleibt gleich.	$\frac{2}{7} + \frac{3}{7} = \frac{2+3}{7} = \frac{5}{7}$
2. Subtraktion gleich-namiger Brüche	Der zweite Zähler wird vom ersten subtrahiert; der Nenner bleibt gleich.	$\frac{6}{9} - \frac{2}{9} = \frac{6-2}{9} = \frac{4}{9}$
3. Addition ungleich-namiger Brüche	Die Brüche zuerst auf den gleichen Nenner bringen, wie bei Regel 1 addieren.	$\frac{1}{7} + \frac{3}{5}$; gemeinsamer Nenner ist $7 \cdot 5 = 35$. $\frac{1}{7} = \frac{5}{35}$ $(35 : 7 = 5; 5 \cdot 1 = 5)$ $\frac{3}{5} = \frac{21}{35}$ $(35 : 5 = 7; 7 \cdot 3 = 5)$ $\frac{1}{7} + \frac{3}{5} = \frac{5}{35} + \frac{21}{35} = \frac{26}{35}$
4. Subtraktion ungleich-namiger Brüche	Die Brüche zuerst auf den gleichen Nenner bringen, dann die Zähler subtrahieren.	$\frac{1}{3} - \frac{2}{7} = \frac{7}{21} - \frac{6}{21} = \frac{1}{21}$ $(21 : 3 = 7; 7 \cdot 1 = 7$ $21 : 7 = 3; 3 \cdot 2 = 6)$ wie bei Regel 2.
5. Addition oder Sub-traktion eines Bruches mit einer gemischten Zahl oder zweier gemischter Zahlen	Die gemischte Zahl zuerst in einen unechten Bruch verwandeln, dann verfahren wie in Regel 1 – 4.	$\frac{1}{4} + 3\frac{1}{5} = \frac{1}{4} + \frac{16}{5} =$ $\frac{5}{20} + \frac{64}{20} = \frac{69}{20} = 3\frac{9}{20}$ $(3 \cdot 5 = 15 + 1 = \frac{16}{5})$

Ran an die Übungsaufgaben!
Prägen Sie sich zunächst die Regeln noch einmal gut ein und lösen Sie dann die folgenden Aufgaben. Schreiben Sie die Lösungsbuchstaben in die entsprechenden Felder.

1. $\frac{2}{7} + \frac{3}{4} =$

   a) $\frac{5}{11}$ b) $\frac{6}{11}$ c) $1\frac{1}{28}$ d) $\frac{11}{28}$

   Lösung:

2. $\frac{1}{3} + \frac{3}{5} =$

   a) $\frac{1}{2}$ b) $\frac{5}{9}$ c) $\frac{4}{8}$ d) $\frac{14}{15}$

   Lösung:

3. $\frac{4}{9} + \frac{3}{9} =$

   a) $\frac{7}{9}$ b) $\frac{7}{18}$ c) $\frac{12}{9}$ d) $\frac{7}{81}$

   Lösung:

4. $\frac{1}{4} + 3\frac{1}{5} =$

   a) $3\frac{8}{20}$ b) $3\frac{9}{20}$ c) $\frac{11}{20}$ d) $3\frac{1}{9}$

   Lösung:

5. $\frac{7}{8} - \frac{3}{4} =$

   a) 1 b) $\frac{4}{4}$ c) $\frac{1}{8}$ d) $\frac{10}{12}$

   Lösung:

6. $4\frac{3}{7} - 3\frac{3}{5} =$

   a) $7\frac{6}{35}$ b) $1\frac{6}{35}$ c) $1\frac{2}{7}$ d) $\frac{29}{35}$

   Lösung:

7. $\frac{5}{6} - \frac{5}{12} =$

   a) $\frac{1}{2}$ b) $\frac{4}{12}$ c) $\frac{5}{12}$ d) $\frac{1}{4}$

   Lösung:

8. $\frac{1}{6} + \frac{3}{7} =$

a) $\frac{4}{13}$ b) $\frac{25}{42}$ c) $\frac{4}{42}$ d) $\frac{23}{42}$

Lösung:

Multiplikation

 Machen Sie sich fit mit den wichtigsten Regeln:

	Regel	Beispiel
6. Multiplikation zweier Brüche	Man multipliziert jeweils die Zähler miteinander und die Nenner miteinander.	$\frac{1}{2} \cdot \frac{3}{4} = \frac{1 \cdot 3}{2 \cdot 4} = \frac{3}{8}$
7. Multiplikation eines Bruches mit einer ganzen Zahl	Der Zähler wird mit der ganzen Zahl multipliziert, der Nenner bleibt gleich.	$\frac{2}{5} \cdot 4 = \frac{2 \cdot 4}{5} = \frac{8}{5}$
8. Multiplikation eines Bruches mit einer gemischten Zahl	Zuerst wird die gemischte Zahl in einen unechten Bruch umgewandelt. Dann wird multipliziert wie in Regel 6.	$\frac{1}{2} \cdot 2\frac{1}{4} = \frac{1}{2} \cdot \frac{9}{4} = \frac{9}{8} = 1\frac{1}{8}$
9. Multiplikation zweier gemischter Zahlen	Beide gemischten Zahlen werden in Brüche umgewandelt, dann wird multipliziert wie in Regel 6.	$2\frac{1}{3} \cdot 1\frac{1}{2} =$ $\frac{7}{3} \cdot \frac{3}{2} = \frac{21}{6} = 3\frac{3}{6} = 3\frac{1}{2}$

Weitere Übungsaufgaben:

9. $\frac{2}{3} \cdot \frac{5}{8} =$

a) $\frac{7}{11}$ b) $\frac{15}{16}$ c) $\frac{5}{12}$ d) $\frac{7}{24}$

Lösung:

10. $\frac{3}{8} \cdot 5 =$

a) 1 b) $1\frac{7}{8}$ c) $\frac{3}{40}$ d) $\frac{15}{40}$

Lösung:

11. $\frac{3}{4} \cdot 2\frac{2}{5} =$

a) $2\frac{6}{20}$ b) $2\frac{3}{10}$ c) $\frac{15}{9}$ d) $1\frac{4}{5}$

Lösung:

12. $4\frac{4}{5} \cdot 3\frac{2}{3} =$

a) $17\frac{3}{5}$ b) $12\frac{8}{15}$ c) $16\frac{2}{3}$ d) $12\frac{3}{5}$

Lösung:

Division

Machen Sie sich fit mit den wichtigsten Regeln:

	Regel	Beispiel
10. Division eines Bruches durch eine ganze Zahl	Ein Bruch wird durch eine ganze Zahl dividiert, indem man den Nenner des Bruches mit der ganzen Zahl multipliziert.	$\frac{2}{3} : 4 = \frac{2}{3 \cdot 4} = \frac{2}{12} = \frac{1}{6}$
11. Division eines Bruches durch einen anderen Bruch	Ein Bruch wird durch einen anderen dividiert, indem man den ersten Bruch mit dem Kehrwert des anderen multipliziert.	$\frac{3}{4} : \frac{2}{3} = \frac{3}{4} \cdot \frac{3}{2} = \frac{9}{8}$
12. Division eines Bruches durch eine gemischte Zahl	Zuerst verwandelt man die gemischte Zahl in einen unechten Bruch. Dann multipliziert man mit dessen Kehrwert.	$\frac{4}{5} : 1\frac{1}{2} = \frac{4}{5} : \frac{3}{2} = \frac{4}{5} \cdot \frac{2}{3} = \frac{8}{15}$

Weitere Übungsaufgaben:

13. $\frac{7}{8} : \frac{5}{6} =$

    a) $\frac{40}{48}$ b) $\frac{5}{6}$ c) $\frac{40}{42}$ d) $\frac{21}{20}$

    Lösung:

14. $\frac{4}{5} : 6 =$

    a) $4\frac{4}{5}$ b) $\frac{24}{30}$ c) $\frac{2}{15}$ d) $\frac{4}{5}$

    Lösung:

15. $\frac{7}{8} : 2\frac{3}{4} =$

    a) $\frac{35}{32}$ b) $1\frac{3}{32}$ c) $3\frac{1}{7}$ d) $\frac{7}{22}$

    Lösung:

Volle Konzentration, damit Sie nicht übertreten: Der Dreisatz

Zwischen folgenden Dreisätzen ist zu unterscheiden:

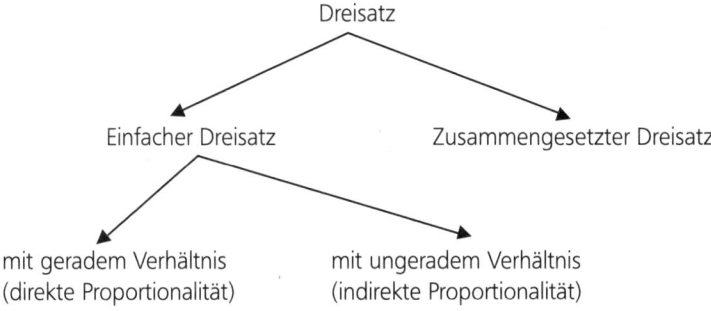

Einfacher Dreisatz mit geradem Verhältnis
Hier ändern sich die Größen in gleicher Richtung: je mehr von der ersten (zum Beispiel Ware, Kapital, Arbeit, Verbrauch), desto mehr von der zweiten (Geld, Zinsen, Lohn, Kosten). Ebenso gilt hier: je weniger vom einen, desto weniger vom anderen.

Beispiel: Ein Betrieb stellte bisher pro Woche 46 000 Katalysatoren her. Die Wochenarbeitszeit soll in Zukunft von 40 auf 38 Wochenstunden gesenkt werden. Wie viel Teile werden bei gleicher Produktionsleistung hergestellt werden?

Musterlösung 1:

In 40 Std. werden 46 000 Teile hergestellt

In 38 Std. werden x   Teile hergestellt

40 Std. → 46 000   (alte Mehrheit)

1 Std. → $\dfrac{46\,000}{40}$ (Einheit)

38 Std. → $\dfrac{46\,000 \cdot 38}{40}$ = 43 700 (neue Mehrheit)

Einfacher Dreisatz mit umgekehrtem Verhältnis

Hier ändern sich die Größen in entgegengesetzter Richtung: je mehr von der einen (zum Beispiel Verbrauch, Geschwindigkeit), desto weniger von der zweiten (Vorrat, Zeitaufwand). Auch umgekehrt gilt: je weniger vom ersten, desto mehr vom zweiten.

Beispiel: Der Lagerbestand mit Rohstoffen reicht für 35 Arbeitnehmer (AN) 24 Tage. Wie lange reicht der Vorrat, wenn sich 7 Arbeitnehmer in Urlaub befinden?

Musterlösung 2:

28 AN – x Tage

35 AN – reicht der Vorrat 24 Tage   (alte Mehrheit)

1 AN – reicht der Vorrat 24 · 35 Tage   (Einheit)

28 AN – reicht der Vorrat $\dfrac{24 \cdot 35 \text{ Tage}}{28}$ = 30 Tage (neue Mehrheit)

Der zusammengesetzte Dreisatz

Er besteht aus mehreren Dreisätzen, mit jeweils geradem und / oder ungeradem Verhältnis.

Beispiel: In einem Betrieb fertigen 5 Maschinen 15 000 Stück pro Woche. Die tägliche Arbeitszeit wird von 8 auf 7 Stunden reduziert. Dafür setzt der Betrieb eine Maschine zusätzlich ein. Wie viel Stück werden jetzt voraussichtlich pro Woche produziert?

Musterlösung 3:

5 Maschinen – 8 Stunden – 15 000 Stück
6 Maschinen – 7 Stunden – x Stück

5 Maschinen – 15 000 Stück

1 Maschine   (: 5) – $\dfrac{15\,000}{5}$ Stück

6 Maschinen (· 6) – $\dfrac{15\,000 \cdot 6}{5}$ Stück

Dies gilt für 8 Stunden täglich. In einer Stunde täglich wird nur der achte Teil (: 8) hergestellt – $\dfrac{15\,000 \cdot 6}{5 \cdot 8}$ Stück

in 7 Stunden siebenmal soviel (· 7) – $\dfrac{15\,000 \cdot 6 \cdot 7}{5 \cdot 8} = 15\,750$ Stück

---

Ran an die Übungsaufgaben!
Bei diesen Aufgaben ist der Taschenrechner erlaubt. Überlegen Sie genau, welcher Ansatz der richtige ist. Schreiben Sie den richtigen Lösungsbuchstaben in das Lösungsfeld.

1. 3 Fliesenleger benötigen für das Verfliesen eines Schwimmbeckens 40 Stunden. Da die Arbeit schneller beendet sein muss, werden 2 Fliesenleger zusätzlich eingesetzt. Wie viel Zeit benötigen sie?
a) 22,5 Std.   b) 6,66 Std.   c) 66,67 Std.   d) 24 Std.   e) 2,4 Std.
Lösung:

2. 8 Arbeitnehmer (AN) produzieren 1 400 m Rohre pro Schicht. Wie viel Meter fertigen 11 AN?
a) 1 925 m   b) 19 250 m   c) 6 285 m   d) 628,57 m   e) 1 600 m
Lösung:

3. Um ein Dach von 408 m² zu decken, benötigt man 10 200 Platten. Wie viel Platten müssen für ein anderes Dach von 381 m² bestellt werden?
a) 95 250   b) 9 525   c) 9 800   d) 10 923   e) 10 900
Lösung:

4. Eine Kantine benötigt in einer Woche (5 Tage) für 150 Angestellte im Durchschnitt 262,5 kg Fleisch. Mit wie viel kg Fleisch müssen für einen Monat (20 Tage) kalkuliert werden, wenn 180 Arbeitnehmer verköstigt werden müssen?
a) 787,5   b) 875   c) 546,87   d) 1 050   e) 1 260
Lösung:

5. Ein Fußbodenbelag kostet bei 1,50 m Breite 169,50 € je Meter. Wie teuer ist ein gleicher Belag je Meter, wenn er 160 cm breit ist?
a) 18 080 €   b) 158,90 €   c) 15,89 €   d) 180,80 €
e) 18,08 €
Lösung:

6. Um das Erdreich einer Baugrube abzufahren, werden 6 LKW kalkuliert. Durch eine Umleitung wegen Straßenbaumaßnahmen können die LKW nun aber nicht 16-mal, sondern nur noch 12-mal pro Tag fahren. Wie viel LKW müssen zusätzlich eingesetzt werden, um die Baugrube in gleicher Zeit ausheben zu können?
a) 8   b) 45   c) 2   d) 4,5   e) 80
Lösung:

7. Einen Auftrag über 56 Maschinen erledigen 14 Arbeitnehmer in 12 Arbeitstagen à 8 Stunden. Für einen dringenden Auftrag müssen 78 Maschinen in 9 Tagen produziert werden. Wie viel Arbeiter müssen zusätzlich eingesetzt werden, damit Überstunden vermieden werden?
a) 26   b) 14   c) 12   d) 7   e) 14
Lösung:

8. Die Füllung eines Heizöltanks reicht bei einem durchschnittlichen Tagesverbrauch von 30 Litern 360 Tage. Wie lange reicht die Füllung, wenn durch den Einbau eines umweltfreundlichen Brenners jetzt täglich nur noch 25 Liter im Durchschnitt verbraucht werden?
a) 432 Tage   b) 300 Tage   c) 30 Tage   d) 43 Tage   e) 512 Tage
Lösung:

9. 12 Monteure verlegen in 6 achtstündigen Arbeitstagen 5 000 Meter Glasfaserkabel. Da sich 4 Monteure krankgemeldet haben, müssen die anderen täglich eine Überstunde machen. Wie viel Meter Kabel verlegen sie in 28 Arbeitstagen?
a) 13 827 m   b) 8 350,70 m   c) 39 375 m   d) 3 937,50 m   e) 17 500 m
Lösung:

10. 12 Gärtner benötigen für die Bepflanzung einer Anlage 25 Tage. Wie viel Tage benötigen 15 Gärtner dafür?
a) 20 Tage   b) 21 Tage   c) 30 Tage   d) 4,8 Tage   e) 14 Tage
Lösung:

Nicht „Pi mal Daumen", sondern genau berechnen: Durchschnittsrechnen

Einfacher Durchschnitt
Beispiel: In einem Computershop wurden am Montagvormittag folgende Umsätze getätigt: 1. Kunde: 2 969,00 €; 2. Kunde: 19,80 €; 3. Kunde: 1 499,00 €; 4. Kunde: 5 865,90 €; 5. Kunde: 598,00 €; 6. Kunde: 6 580,00 €. Wie hoch war der Durchschnittsumsatz je Kunde?

Musterlösung:
Addieren Sie die Umsätze und teilen Sie die Summe durch die Anzahl der Kunden:

```
    2 969,00
+      19,80
+   1 499,00
+   5 865,80
+     598,00
+   6 580,00
= 17 531,60 : 6 = 2 921,93 €
```

Gewogener Durchschnitt
Beispiel: Auf einer Rechnung sind folgende Stunden ausgewiesen:
Meisterstunden: 5 à 90,00 €
Gesellenstunden: 25 à 68,50 €
Auszubildendenstunden: 5 à 30,00 €
Wie hoch war der durchschnittliche Stundenlohn?

Ran an die Übungsaufgaben!

Verwenden Sie für die folgenden Aufgaben ruhig einen Taschenrechner und notieren Sie sich eventuell die Zwischenergebnisse auf einem separaten Blatt. Schreiben Sie den richtigen Lösungsbuchstaben am Schluss in das vorgesehene Feld.

1. Für einen „Premium Kaffee" werden folgende vier Sorten mit gleichen Anteilen gemischt: Hochland zu 10,80 €/je kg, Milde Sorte zu 8,90 €/kg, Reizarm zu 7,60 €/kg und Columbia zu 9,90 €/kg. Wie teuer ist ein kg dieser Mischung?
   a) 10,20 €   b) 9,30 €   c) 9,80 €   d) 9,90 €   e) 9,10 €
   Lösung:

2. Für eine Pralinenmischung werden folgende Sorten mit folgenden Anteilen gemischt: A: 1 kg zu 16,80 €/kg; B: 3 kg zu 8,40 €/kg; C: 8 kg zu 7,40 €/kg; D: 10 kg zu 6,40 €/kg; E: 3 kg zu 10,40 €/kg. Wie teuer sind 100 Gramm dieser Pralinenmischung?
   a) 7,86 €   b) 9,92 €   c) 8,04 €   d) 7,88 €   e) 0,79 €
   Lösung:

3. Ein Restposten von CD-ROMs wird zu einem Durchschnittspreis kalkuliert. Wie hoch ist der durchschnittliche Selbstkostenpreis, wenn folgende Mengen noch auf Lager sind: A: 15 Stück zu 15,00 €/Stück; B: 25 Stück zu 25,00 €/Stück; C: 10 Stück zu 20,00 €/Stück?
   a) 19,00 €   b) 19,50 €   c) 20,00 €   d) 21,00 €   e) 22,00 €
   Lösung:

4. Sechs Verkäuferinnen erzielten folgende Umsätze: A: 1 990 €;
B: 5 214 €; C: 4 380 €; D: 3 198 €; E: 2 220 €; F: 2 522 €.
Wie hoch war der Durchschnittsumsatz pro Verkäuferin?
a) 3 254,00 €   b) 3 704,00 €   c) 4 002,00 €   d) 3 998,50 €
e) 3 354,50 €
Lösung:

5. Berechnen Sie den Durchschnittspreis folgender Restposten:
280 Stück à 3,60 €/Stück, 750 Stück à 2,25 €/Stück, 420 Stück
à 2,80 €/Stück,.
a) 2,88 €   b) 2,89 €   c) 2,67 €   d) 2,64 €   e) 2,58 €
Lösung:

Verteilen Sie richtig: Verteilungsrechnung

Verteilung mit gegebenem Verteilungsschlüssel mit ganzen Zahlen
Beispiel: Eine Prämie in Höhe von 950,00 € soll wie folgt verteilt werden: A
erhält 1 Teil, B erhält 5 Teile und C erhält 4 Teile. Wie viel DM erhält B?

Musterlösung:
Addieren Sie zuerst die einzelnen Teile. Teilen Sie dann die zu verteilende
Zahl durch die Summe dieser Teile. Multiplizieren Sie diese Zahl mit den
jeweiligen Anteilen:

1 Teil + 5 Teile + 4 Teile = 10 Teile
950,00 € : 10 = 95,00 €

A: 1 Teil · 95,00 € = 95,00 €
B: 5 Teile · 95,00 € = 475,00 €
C: 4 Teile · 95,00 € = 380,00 €
B erhält 475,00 €.

Verteilung mit gegebenem Verteilungsschlüssel mit Brüchen
Beispiel: 300 kg sollen wie folgt auf verschiedene Stellen aufgeteilt werden: A: $\frac{1}{2}$; B: $\frac{1}{5}$; C den Rest. Wie viel kg erhält C?

> **Musterlösung:**
> Bringen Sie die Brüche auf einen gleichen Nenner (siehe Seite 55) und
> addieren Sie dann die Zähler. Ziehen Sie die Summe der Zähler von dem
> Nenner ab, und Sie erhalten den Zähler des letzten (unbekannten) Bruches.
> Teilen Sie die zu verteilende Anzahl durch den gemeinsamen Nenner.
> Multiplizieren Sie den Zähler der gesuchten Größe mit dieser ermittelten
> Zahl.
>
> A: $\frac{1}{2} = \frac{5}{10}$
>
> B: $\frac{1}{5} = \frac{2}{10}$
>
> $5 + 2 = 7$; $10 - 7 = 3$
>
> C erhält $\frac{3}{10}$
>
> 300 kg : 10 = 30 kg
>
> C erhält $3 \cdot 30$ kg = 90 kg

Verteilungsrechnen mit zu errechnendem Verteilungsschlüssel

Beispiel: Drei Freunde haben zusammen in der Lotterie gewonnen. Sie wollen den Gewinn in Höhe von 87 500,00 € im Verhältnis ihrer Jahreseinlagen verteilen. A bezahlte 200,00 €, B 350,00 € und C 150,00 €.
Wie viel € vom Gewinn erhält A?

> **Musterlösung:**
> Kürzen Sie die Zahlen, die den Verteilungsschlüssel ergeben, wenn es geht,
> und addieren Sie dann die Teile. Teilen Sie die zu verteilende Zahl durch die
> Summe der Teile. Multiplizieren Sie diese Zahl mit der jeweiligen Anzahl
> der Teile.
>
> A: 200,00 € = 4 Teile
> B: 350,00 € = 7 Teile
> C: 150,00 € = 3 Teile
> 4 + 7 + 3 = 14 Teile
>
> 87 500,00 € : 14 = 6 250,00 €
>
> A: $4 \cdot 6\,250,00$ € = 25 000,00 €

Ran an die Übungsaufgaben!

Hier sind wieder Taschenrechner und Schmierzettel erlaubt. Schreiben Sie bitte die Lösungsbuchstaben in die vorgesehenen Felder.

1. Ein Jahresgewinn in Höhe von 240 000,00 € soll unter drei
Gesellschaftern im Verhältnis ihrer Kapitaleinlagen verteilt werden.
Wie viel € erhält B, wenn er mit 300 000,00 €, A mit 450 000,00 €
und C mit 750 000,00 € beteiligt war?
a) 24 000,00 €   b) 48 000,00 €   c) 72 000 €
d) 80 000,00 €   e) 120 000,00 €
Lösung:

2. Eine Tippgemeinschaft hat im Lotto gewonnen. Der Gewinn in Höhe
von 82 512,00 € soll im Verhältnis ihrer Einlagen geteilt werden.
Wie viel erhält C, wenn A die Hälfte, B ein Drittel und C den Rest des
Einsatzes bezahlt hat?
a) 27 504,00 €   b) 41 258,00 €   c) 16 958,00 €
d) 13 752,00 €   e) 22 365,00 €
Lösung:

3. 19 250 sollen wie folgt verteilt werden: A: 0,5 Teile, B: 1 Teil; C: 2 Teile.
Wie viel entfällt auf A?
a) 6 416,66   b) 3 208,34   c) 11 000   d) 5 500   e) 2 750
Lösung:

4. Eine Sponsorengruppe fördert gemeinsam ein Umweltprojekt.
A übernimmt $\frac{1}{4}$, B $\frac{2}{5}$, C $\frac{1}{6}$ und D den Rest der Kosten. Wie teuer ist
das Projekt, wenn D 66 000 € bezahlt?
a) 360 000 €   b) 264 000 €   c) 660 000 €   d) 720 000 €
e) 548 000 €
Lösung:

5. Eine Leistungsprämie in Höhe von 340,20 € soll an drei Kellner im
Verhältnis 3 : 2 : 4 aufgeteilt werden. Wie viel erhält der Dritte?
a) 37,80 €   b) 75,60 €   c) 113,40 €   d) 151,20 €
e) 189,00 €
Lösung:

Achtung, hochprozentig: Die Prozentrechnung

Einfache Prozentrechnung

Es gibt drei Größen, den Grundwert, den Prozentwert und den Prozentsatz. Zwei müssen gegeben sein, die dritte wird errechnet. Der Grundwert ist dabei immer 100 %.

Beispiel	Musterlösung	Formel
1. Wie viel sind 8 % von 400 €?	$\dfrac{400 \cdot 8}{100} = 32,00$ €	Prozentwert $= \dfrac{\text{Grundwert} \cdot \text{Prozentsatz}}{100}$
2. Von 400 Eiern sind 20 gebrochen. Wie viel Prozent sind das?	$\dfrac{20 \cdot 100}{400} = 5$ %	Prozentsatz $= \dfrac{\text{Prozentwert} \cdot 100}{\text{Grundwert}}$
3. Von einer Rechnung wurden 2 % Skonto (8,00 €) abgezogen. Wie groß ist der Rechnungsbetrag?	$\dfrac{8,00 \cdot 100}{2} = 400,00$ €	Grundwert $= \dfrac{\text{Prozentwert} \cdot 100}{\text{Prozentsatz}}$

Prozentrechnung auf/im Hundert

Hier wurde der Grundwert vermehrt (über 100 %) oder vermindert (unter 100 %).

Beispiel	Musterlösung	Formel
4. Nach Abzug von 3 % Skonto werden noch 2 425,00 € bezahlt. Wie teuer war das Gerät?	100 % − 3 % = 97 % 97 % = 2 425,00 € 100 % = x $x = \dfrac{2\,425 \cdot 100}{97} = 2\,500$ €	Verminderter Grundwert = Grundwert (100 %) − Prozentwert
5. Nach einer Preiserhöhung um 5 % kostet ein Gerät jetzt 1 050,00 €. Wie teuer war es vorher?	100 % + 5 % = 105 % 105 % = 1 050 € 100 % = x $x = \dfrac{1\,050 \cdot 100}{105} = 1\,000$ €	Vermehrter Grundwert = Grundwert (100 %) + Prozentwert

 **Ran an die Übungsaufgaben!**
Für die folgenden Aufgaben benötigen Sie wieder den Taschenrechner und ein separates Blatt, um sich beim Rechnen Notizen machen zu können.

1. Die Schülerkarte zu einem Bundesligaspiel kostet 24,50 €. Wie teuer ist der normale Stehplatz, wenn die Schülerkarte 30 % ermäßigt ist?
   a) 35,00 €   b) 36,50 €   c) 37,50 €   d) 31,85 €   e) 33,25 €
   Lösung:

2. In Deutschland waren von 30 Millionen Arbeitnehmern während eines untersuchten Zeitraumes durchschnittlich 7 % krank. Wie viele Arbeitnehmer sind das?
   a) 2 100   b) 21 000   c) 210 000   d) 2 100 000   e) 21 000 000
   Lösung:

3. Der Preis für einen PC wurde von 1 200,00 € innerhalb eines Jahres auf 780,00 € gesenkt. Wie viel Prozent betrug die Preissenkung?
   a) 20 %   b) 25 %   c) 35 %   d) 40 %   e) 45 %
   Lösung:

4. Nach einer tarifvertraglichen Erhöhung von 4 % bekommt eine Verkäuferin jetzt 1 123,20 €. Wie hoch war ihr Gehalt vor der Erhöhung?
   a) 1 170 €   b) 1 168,12 €   c) 1 168,13 €   d) 1 080,00 €
   e) 1 042,80 €
   Lösung:

5. Im Sommerschlussverkauf werden auf Gartenmöbel 20 % Rabatt gegeben. Herr Müller hat dadurch 156,60 € gespart. Wie teuer waren die Artikel?
   a) 758,00 €   b) 783,00 €   c) 1 957,50 €   d) 195,75 €
   e) 960,00 €
   Lösung:

6. Ein Laptop kostet bei Barzahlung 2 500,00 €, bei Ratenzahlung 2 687,50 €. Wie viel Prozent ist die Ratenzahlung teurer als die Barzahlung?
a) 7,5 %   b) 5 %   c) 12 %   d) 10 %   e) 8,5 %
Lösung:

7. Ein Wohnhaus wird für 285 000,00 € angeboten. Im kommenden Jahr soll eine Preissteigerung von 3,5 % erfolgen. Wie teuer wäre das Haus dann?
a) 9 975,00 €   b) 295 336,00 €   c) 292 875,00 €
d) 295 000,00 €   e) 294 975,00 €
Lösung:

Wichtig für den Umgang mit Geld: Die Zinsrechnung

Beispiel	Musterlösung	Formel
1. Wie viel Zinsen bringt ein Kapital von 5 000 € in 280 Tagen bei einem Zinssatz von 5 %?	$Z = \dfrac{5\,000 \cdot 5 \cdot 280}{100 \cdot 360}$ $Z = 194{,}44 €$	$Z = \dfrac{\text{Kapital} \cdot \text{Zinssatz} \cdot \text{Tage}}{100 \text{ x } 360}$
2. Welches Kapital bringt in 80 Tagen bei 4 % 64,00 € Zinsen?	$K = \dfrac{64{,}00 \cdot 100 \cdot 360}{4 \cdot 80}$ $= 7\,200{,}00 €$	$K = \dfrac{\text{Zinsen} \cdot 100 \cdot 360}{\text{Zinssatz} \cdot \text{Tage}}$
3. Zu welchem Zinssatz (p) bringen 2 854,65 € in 8 Monaten 66,61 € Zinsen?	$(p) = \dfrac{66{,}61 \cdot 100 \cdot 360}{2\,854{,}65 \cdot 240}$ $= 3{,}5 \%$	$\text{Zinssatz} = \dfrac{Z \cdot 100 \cdot 360}{\text{Kapital} \cdot \text{Tage}}$
4. Wie lange war ein Kapital in Höhe von 7 200,00 € zu 4 % angelegt, wenn es 64,00 € Zinsen brachte?	$t = \dfrac{64{,}00 \cdot 100 \cdot 360}{7\,200{,}00 \cdot 4}$ $= 80$	$\text{Tage} = \dfrac{Z \cdot 100 \cdot 360}{\text{Kapital} \cdot \text{Zinssatz}}$

In der kaufmännischen Zinsrechnung wird jeder Monat mit 30 Tagen und das Jahr mit 360 Tagen gerechnet.
Die zweite Stelle nach dem Komma wird abgerundet, wenn die dritte Zahl eine 4 oder kleiner als 4 ist (z. B. 12,354 = 12,35).
Ist die dritte Stelle nach dem Komma eine 5 oder größer als 5, so wird die zweite Stelle aufgerundet (z. B. 12,345 = 12,35).

Ran an die Übungsaufgaben!
Auch für die folgenden Aufgaben brauchen Sie wieder Taschenrechner und Schmierpapier. Schreiben Sie die richtigen Lösungsbuchstaben in die vorgesehenen Felder.

1. Herr Meier muss 10 % Überziehungszinsen bezahlen. Wie hoch war sein Konto überzogen, wenn er für einen Monat 24,80 € Überziehungszinsen zahlen musste?
a) 483,87 €   b) 4 354,84 €   c) 20,67 €   d) 206,78 €
e) 2 976,00 €
Lösung:

2. Wie hoch war der Zinssatz, wenn 7 500,00 € in vier Monaten 200,00 € Zinsen brachten?
a) 8 %   b) 7,5 %   c) 12,5 %   d) 6 %   e) 2,88 %
Lösung:

3. Eine Festgeldanlage in Höhe von 14 000 € war 9 Monate zu 5,5 % angelegt. Wie viel Zinsen wurden ausgezahlt?
a) 1 909,90 €   b) 577,50 €   c) 569,59 €   d) 569,58 €
e) 736,45 €
Lösung:

4. Ein Kapital in Höhe von 12 000 € wurde am 10.01. zu 10,5 % ausgeliehen. Wann wurde es einschließlich Zinsen mit 13 155,00 € zurückgezahlt?
a) 15.09.   b) 23.12.   c) 10.12.   d) 10.11.   e) 10.01. des nächsten Jahres
Lösung:

5. Ein Urlaubskredit von 8 400 € wurde für 300 Tage ausgeliehen. Wie hoch war der Zinssatz, wenn 525,00 € Zinsen bezahlt wurden?
a) 7,5 %   b) 8,5 %   c) 4 %   d) 12 %   e) 10,5 %
Lösung:

6. Wie lange waren 5 000,00 € zu 5 % angelegt, wenn sie einschließlich Zinsen mit 5 300,00 € zurückgezahlt wurden?
a) 330 Tage   b) 254 Tage   c) 420 Tage   d) 432 Tage   e) 512 Tage
Lösung:

7. Welches Kapital erbringt in 180 Tagen bei einem Zinssatz von 5 % 500,00 € Zinsen?
a) 16 000 €   b) 18 000 €   c) 20 000 €   d) 22 000 €
e) 25 000 €
Lösung:

8. Welche Zinsen berechnet Ihnen die Bank bei einem Zinssatz von 12 %, wenn Sie Ihr Konto einen Monat lang mit 1 000,00 € überziehen?
a) 10,00 €   b) 12,56 €   c) 14,38 €   d) 8,33 €   e) 26,80 €
Lösung:

9. Wann muss ein Kapital in Höhe von 10 000 € einschließlich 250 € Zinsen zurückgezahlt werden, das am 02.01. zu 12 % ausgeliehen wurde?
a) 02.03.   b) 14.03.   c) 15.03.   d) 17.03.   e) 02.04.
Lösung:

10. Für eine Einlage in Höhe von 12 000 € erhält man monatlich 80 € Zinsen. Zu wie viel Prozent wird die Einlage verzinst?
a) 6 %   b) 8 %   c) 9 %   d) 10 %   e) 12 %
Lösung:

Auch die alten Griechen haben hier schon mitgemischt: Geometrie

Geometrieaufgaben in Einstellungstests sind wirklich nicht schwer. Nur was tatsächlich zum Allgemeinwissen gehört, kann Ihnen hier vielleicht begegnen. Wenn Sie sich die folgenden Aufgaben anschauen, werden Ihnen viele noch bekannt vorkommen. Wenn nicht, frischen die nachstehenden Erklärungen und Lösungshilfen Ihr Wissen schnell wieder auf.

Expertentipp:

Von Bewerbern um technische Berufe werden tiefer gehende Geometriekenntnisse erwartet. Wenn Sie zu dieser Gruppe gehören, überblättern Sie nicht die Aufgaben zum Pythagoras und zur Körperberechnung.

Im Dreieck zu springen brauchen Sie hier nicht: Umfang und Flächeninhalt in der Ebene

Figur	Modell	Umfang (U)	Flächeninhalt (A)
Quadrat	a a	$U = 4 \cdot a$	$A = a \cdot a = a^2$
Rechteck	b a	$U = 2a + 2b$	$A = a \cdot b$
Dreieck	C, b, a, h_b, h_a, h_c, A, c, B	$U = a + b + c$	$A = \dfrac{a \cdot h_a}{2}$ $A = \dfrac{b \cdot h_b}{2}$ $A = \dfrac{c \cdot h_c}{2}$
Trapez	D c C, d m b, h, A a B	$U = a + b + c + d$	$A = m \cdot h$ $A = \frac{1}{2}(a + c) \cdot h$

Ran an die Übungsaufgaben!

Taschenrechner und Schmierpapier haben Sie ja vielleicht noch von den vorigen Aufgaben parat. Schreiben Sie wieder nur die Lösungsbuchstaben in die Felder.

1. In einer Schreinerei soll eine quadratische Tischplatte mit einer Seitenlänge von 1,20 m hergestellt werden. Wie groß ist der Umfang?
a) 2,40 m   b) 4,80 m   c) 3,60 m   d) 1,44 m
Lösung:

2. Eine quadratische Plastikplane hat eine Seitenlänge von 2,50 m. Wie groß ist der Flächeninhalt der Plane?
a) 6,25 m²   b) 5,00 m²   c) 10,00 m²   d) 3,13 m²
Lösung:

3. Ein Rasenstück hat die Form eines Rechtecks. Die beiden Seiten haben die Maße 250 m und 370 m. Welche Länge muss ein Zaun haben, der das Rasenstück umgibt?
a) 1 860 m   b) 1 240 m   c) 87 500 m   d) 620 m
Lösung:

4. Ein Zimmer hat die Maße von 6,80 m Länge und 2,70 m Breite. Wie viele m² Teppichboden werden für das Zimmer benötigt?
a) 46,24 m²   b) 19,00 m²   c) 36,72 m²   d) 18,36 m²
Lösung:

5. Ein Konferenzraum mit den Maßen 24 x 12 m soll mit quadratischen Teppichfliesen ausgelegt werden. Die Fliesen haben eine Seitenlänge von 50 cm. Wie viele Fliesen werden benötigt?
a) 288   b) 1 152   c) 2 304   d) 566
Lösung:

6. Die Außenmaße einer dreiecksförmigen Bitumenbahn betragen 18,73 m, 24,12 m und 36,08 m. Wie groß ist der Umfang?
a) 42,85 m   b) 78,93 m   c) 60,20 m   d) 79,65 m
Lösung:

7. Wie groß ist der Flächeninhalt eines Dreiecks? Die Seite C hat eine Länge von 26,4 cm und h_c eine Länge von 14,2 cm.
a) 374,88 m²   b) 406,00 m²   c) 562,32 m²   d) 187,44 m²
Lösung:

8. Bei einem Trapez sind die Längen aller Seiten gegeben. Sie betragen:
a = 16,98 cm, b = 99,04 cm, c = 112,38 cm und d = 12,84 cm.
Wie groß ist der Umfang?
a) 241,24 cm   b) 120,62 cm   c) 840,85 cm   d) 482,48 cm
Lösung: ▨

9. Die trapezförmige Wand in einer Dachgeschosswohnung soll mit einer Textiltapete beklebt werden, die 28 €/m² kostet. Wie hoch sind die Tapetenkosten, wenn die Wandhöhe 3 m beträgt und die Seite a eine Länge von 8 m und c eine Länge von 6 m hat?
a) 144 €   b) 1476 €   c) 588 €   d) 288 €
Lösung: ▨

10. Ermitteln Sie den Flächeninhalt eines Trapezes, wenn gegeben sind:
m (Mittelparallele) 4,80 m und h 2,30 m.
a) 7,10 m²   b) 5,02 m²   c) 11,04 m²   d) 22,08 m²
Lösung: ▨

Der Satz des Meisters: Pythagoras

Gebiet	Modell	Lehrsatz	Formeln
Pythagoras		Im rechtwinkligen Dreieck ist Fläche des Quadrats über der Hypotenuse gleich der Summe der Flächen der Quadrate über den beiden Katheten.	$c^2 = a^2 + b^2$ $c = \sqrt{a^2 + b^2}$ $a = \sqrt{c^2 - b^2}$ $b = \sqrt{c^2 - a^2}$

Weitere Übungsaufgaben:

11. Ein rechteckiger Platz, der eine Länge von 420 m und eine Breite von 270 m hat, wird durchzogen von einem diagonal verlaufenden Weg. Wie lang ist der Weg?
a) 345,00 m   b) 499,30 m   c) 690,00 m   d) 998,60 m
Lösung: ▨

12. Eine 6 m lange Leiter wird an eine Hauswand angelehnt. Wie hoch reicht sie an der Wand hinauf, wenn ihr unteres Ende 2 m von der Hauswand entfernt ist?

a) 5,66 m   b) 6,32 m   c) 4,00 m   d) 6,00 m
Lösung:

13. Wie groß ist die Höhe eines gleichschenkligen Dreiecks mit den Seitenlängen c = 6 cm und a = b = 4 cm?

a) 4,69 cm   b) 1,00 cm   c) 5,30 cm   d) 2,65 cm
Lösung:

Nicht nur für den Erfinder des Rads war er wichtig: Kreisumfang und Kreisinhalt

Figur	Modell	Umfang (U)	Flächeninhalt (A)
Kreis		$U = \pi \cdot d$ oder $U = 2\,\pi \cdot r$ $(\pi \approx 3{,}14)$	$A = \dfrac{\pi}{4} \cdot d^2$ oder: $A = \pi \cdot r^2$ $(\pi \approx 3{,}14)$

Weitere Übungsaufgaben:

14. Ein Kreis hat einen Durchmesser von 24 cm. Wie groß ist sein Umfang?

a) 37,68 cm   b) 150,72 cm   c) 452,16 cm   d) 75,36 cm
Lösung:

15. Welchen Weg legt die Spitze des großen Zeigers einer Kirchturmuhr an einem Tag zurück? Die Zeigerlänge beträgt 1,6 m.

a) 241,15 m   b) 100,50 m   c) 120,58 m   d) 60,29 m
Lösung:

16. Den Äquator kann man sich vorstellen als einen um die Erdkugel gelegten Reifen, der einen Radius von r = 6 370 km hat. Wie viele Kilometer beträgt der Umfang des Reifens?

a) 20 001,8 km   b) 40 003,6 km   c) 80 007,2 km   d) 76 004,7 km
Lösung:

17. Der Radius eines Kreises beträgt 1,56 m. Wie groß ist der Kreisinhalt?
a) 4,02 m² b) 7,64 m² c) 4,90 m² d) 2,01 m²
Lösung:

18. Ein Kreisverkehr mit dem Durchmesser d₁ = 76 m
hat in der Mitte eine runde Verkehrsinsel mit dem
Durchmesser d₂ = 20,6 m. Wie viel Platz steht für
den Verkehr noch zur Verfügung?

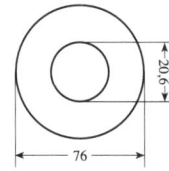

a) 16 804,15 m² b) 173,96 m² c) 4 200,88 m² d) 2 100,44 m²
Lösung:

19. Berechnen Sie den Flächeninhalt der neben-
stehenden Figur (Angabe in cm)!
a) 3 215,36 cm² b) 9 646,08 cm²
c) 2 411,52 cm² d) 1 286,44 cm²
Lösung:

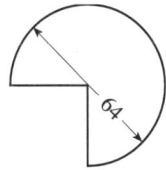

**Beim Menschen ließe sich beides schwer berechnen:
Oberfläche und Rauminhalt von Körpern**

Figur	Modell	Oberfläche (O)	Rauminhalt (V)
Würfel		$O = 6 \cdot a^2$	$V = a \cdot a \cdot a = a^3$
Quader		$O = 2\,ab + 2\,ac + 2\,bc$ $O = 2\,(ab + ac + bc)$	$V = a \cdot b \cdot c$
Zylinder		$O = 2 \cdot G + M$ $O = 2\,\pi r^2 + 2\,\pi rh$ $O = 2\,\pi r\,(r + h)$ $(G = \text{Grundfläche} = \pi \cdot r^2$ $M = \text{Mantel} = 2\,\pi rh)$	$V = \pi \cdot r^2 \cdot h$ $(\pi \approx 3{,}14)$

Weitere Übungsaufgaben:

20. Ein Styroporwürfel hat die Kantenlänge 12 cm. Wie groß ist die Oberfläche des Würfels?

a) 1728 cm^2 b) 144 cm^2 c) 864 cm^2 d) 576 cm^2

Lösung:

21. Ein Holzwürfel hat eine Oberfläche von 384 cm. Wie lang ist die Kantenlänge des Würfels?

a) 39,2 cm   b) 16,0 cm   c) 19,6 cm   d) 8,0 cm

Lösung:

22. Ein Wasserkasten hat die Form eines Würfels. Seine Kantenlänge beträgt 1,40 m. Wie viel m^3 Wasser kann der Kasten fassen?

a) 2,74 m^3 b) 5,48 m^3 c) 11,76 m^3 d) 1,96 m^3

Lösung:

23. Eine quaderförmige Holzkiste soll mit einer Dekofolie beklebt werden. Wieviel m^2 werden benötigt, wenn die Holzkiste folgende Abmessungen hat: a (Länge) = 30 cm, b (Tiefe) = 25 cm, c (Höhe) = 20 cm.

a) 0,37 m^2 b) 3,70 m^2 c) 2,70 m^2 d) 0,27 m^2

Lösung:

24. Wie viel kg wiegt ein quaderförmiger Goldbarren, der folgende Maße hat: Länge = 12 cm, Breite = 8 cm, Höhe = 6 cm? (Goldgewicht: 1 dm^3 = 19,3 kg)

a) 1,11 kg   b) 111,17 kg   c) 22,24 kg   d) 11,12 kg

Lösung:

25. Die Kantenlängen eines Aquariums betragen a = 60 cm und b = 35 cm. Die Höhe beläuft sich auf 40 cm. Wie viel Liter Wasser kann das Aquarium aufnehmen, wenn es bis auf 5 cm aufgefüllt werden soll?

a) 7,35 l   b) 73,5 l   c) 735 l   d) 84 l

Lösung:

26. Wie groß ist die Oberfläche eines geschlossenen Glaszylinders? Der Durchmesser beträgt 12 cm und die Höhe des Zylinders 16 cm.
a) 602,88 cm^2 b) 715,92 cm^2 c) 828,96 cm^2 d) 2 110,08 cm^2
Lösung:

27. Wie hoch ist eine Plakatsäule, deren Radius 1 m beträgt und deren Mantel eine Größe von 18,84 m^2 hat?
a) 4,00 m   b) 2,50   c) 3,00 m   d) 3,50 m
Lösung:

28. Ein zylindrischer Behälter hat einen Radius von 90 cm und eine Höhe von 1,50 m. Wie viel Liter passen in den Behälter?
a) 15 260 l   b) 1 215 l   c) 7 630 l   d) 3 815 l
Lösung:

Was war, was ist, was wird sein? Staat – Politik – Geschichte

Jede Demokratie braucht Bürger, die bereit sind, sich selbst aktiv an der politischen Meinungsbildung zu beteiligen. Sie braucht mündige, sich selbst bestimmende Bürger, die bewusst wählen und von der Möglichkeit Gebrauch machen, das politische Geschehen und damit die eigene Zukunft direkt mit zu beeinflussen. Aber nur wer das politische System kennt, kann beurteilen, was passiert und warum es passiert. Politisches Wissen ist zudem ein Bestandteil der Allgemeinbildung, die man in Gesprächen mit Kollegen, Kunden, Lieferern und Geschäftspartnern benötigt. Deshalb legen die Ausbildungsbetriebe hierauf in Einstellungstests, aber auch in Bewerbergesprächen häufig ganz besonderen Wert.
Natürlich können die folgenden Fragen nur einen Ausschnitt aus dem darstellen, was in den in der Praxis angewandten Tests vorkommt. Einen sicheren Weg, wirklich topfit in diesen Teil der Aufnahmeprüfung zu gehen, weist der folgende Expertentipp.

Expertentipp:
Lesen Sie den politischen Teil der Tageszeitung und verfolgen Sie die Nachrichtensendungen. Sie werden feststellen, dass erstens alles gar nicht mehr so kompliziert ist, wenn man sich nur ein bisschen damit auseinander setzt und dass man sich zweitens gerade in Bewerbungsgesprächen sehr oft mit solchen aktuellen Fragen beschäftigt.

Ran an die Übungsaufgaben!
Tragen Sie bitte wieder den richtigen Lösungsbuchstaben ein. Wenn Sie nicht weiterwissen, machen Sie sich ruhig im Lösungsteil und in geeigneten Nachschlagewerken schlau, denn auch dadurch erhöhen Sie Ihr Wissen auf diesem Gebiet.

Stichwort: Politik und Staatsaufbau

1. Wie viele Grundrechte umfasst das Grundgesetz?
a) 1   b) 5   c) 16   d) 19   e) 25
Lösung:

2. Wann trat das Grundgesetz in Kraft?
a) am 23. Mai 1949   c) am 07. Oktober 1949
b) am 15. November 1950   d) am 21. August 1961
Lösung:

3. Was versteht man unter dem Begriff „Demokratie"?
a) Rätesystem   c) Volksherrschaft
b) Volksabstimmung   d) Diskussionen
Lösung:

4. Wann wurde die Bundesrepublik Deutschland gegründet?
a) 1939   b) 1945   c) 1949   d) 1990   e) 1948
Lösung:

5. Was versteht man unter einer „Normenkontrollklage"?
   a) die Überprüfung, ob ein Beschluss des Bundestages rechtmäßig zustande gekommen ist
   b) eine Klage vor dem Bundesverfassungsgericht wegen eines Abstimmungsfehlers in einer Bundestagssitzung
   c) eine Klage vor dem Bundesverfassungsgericht wegen eines vermeintlichen Verfassungsverstoßes durch ein neues Gesetz
   d) die Überprüfung, ob Gesetze ethischen Wertvorstellungen (Normen) entsprechen
   Lösung:

6. Wo hat das Bundesverfassungsgericht seinen Sitz?
   a) in Kassel   b) in Bonn   c) in Berlin   d) in Karlsruhe   e) in Berlin
   Lösung:

7. Welche Aussage über das Grundgesetz ist richtig?
   a) Es ist unveränderbar.
   b) Es ist bis auf Ausnahme der Grundrechte in Artikel 1–19 veränderbar.
   c) Es kann mit Ausnahme des Artikels 20 verändert werden, dabei darf der Wesensgehalt der Grundrechte nicht angetastet sein.
   d) Es wurde unmittelbar nach dem Zweiten Weltkrieg von den Siegermächten in Kraft gesetzt.
   Lösung:

8. Welche Aussage zum Grundgesetz ist richtig?
   a) Alle haben das Recht auf freie Wahl des Arbeitsplatzes.
   b) Alle Deutschen haben das Recht auf freie Wahl des Arbeitsplatzes.
   c) Alle Deutschen haben ein Recht auf Arbeit.
   d) Alle in Deutschland lebenden Personen haben ein Recht auf Arbeit.
   Lösung:

9. Wovon handelt der Artikel 1 des Grundgesetzes?
a) von der Unantastbarkeit der Menschenwürde
b) von der Freiheit der Persönlichkeit
c) von der Gewaltenteilung
d) von der Bekenntnisfreiheit
Lösung:

10. Laut Grundgesetz gilt die Eigentumsgarantie. Was heißt das?
a) Jeder hat das uneingeschränkte Recht über sein Eigentum.
b) Die Eigentumsgarantie schließt auch die Verpflichtung zum Wohle der Allgemeinheit ein.
c) Enteignungen sind immer möglich, wenn im Interessenstreit der Schwächere unterliegt.
d) Das Recht auf Eigentum ist nur bis zu einer bestimmten Höhe garantiert.
Lösung:

11. Im Grundgesetz sind verschiedene Grundrechte festgelegt.
Was gehört nicht dazu?
a) Soziale Grundrechte   c) Gleichheitsrechte
b) Freiheitsrechte   d) Strafrechte
Lösung:

12. Zu welchem Recht gehört der Datenschutz?
a) Persönlichkeitsschutz   d) Menschenwürde
b) freie Meinungsäußerung   e) Pressefreiheit
c) Demonstrationsfreiheit
Lösung:

13. Welche der folgenden Aufzählungen für die drei Staatsgewalten ist nicht richtig?
a) Legislative, Judikative, ausführende Gewalt
b) richterliche, gesetzgebende, ausführende Gewalt
c) gesetzgebende Gewalt, Exekutive, Judikative
d) Nominative, Exekutive, Judikative
Lösung:

14. Was bedeutet der Begriff „Legislative"?

    a) Gesetzgebung   c) ausführende Gewalt

    b) Richteramt   d) legale Amtsausübung

    Lösung:

15. Welches der folgenden Staatsorgane gehört zur gesetzgebenden Gewalt?

    a) Bundestag   c) Bundesverfassungsgericht

    b) Bundesregierung   d) Bundesaufsichtsamt

    Lösung:

16. Zu welcher Staatsgewalt gehört der Bundesrat?

    a) zur gesetzausführenden Gewalt, da er die vom Bundestag beschlossenen Gesetze umsetzt

    b) zur gesetzgebenden Gewalt, da er im Rahmen der konkurrierenden Gesetzgebung beteiligt ist

    c) zur richterlichen Gewalt, da er die Ausübung der vom Bundestag beschlossenen Gesetze überwacht

    d) zur gesetzgebenden Gewalt, da jedes Gesetz auch vom Bundesrat genehmigt werden muss

    Lösung:

17. Welche Form der Demokratie haben wir in der Bundesrepublik Deutschland?

    a) eine direkte Demokratie

    b) eine formale Demokratie

    c) eine repräsentative Demokratie

    d) eine offene Demokratie

    e) eine soziale Demokratie

    Lösung:

18. Der Gegensatz zu einem demokratischen System ist eine

    a) Oligarchie   d) Diktatur

    b) Volksherrschaft   e) Theokratie

    c) Lethargie

    Lösung:

19. Welche der folgenden Institutionen ist die höchste gerichtliche Instanz in Deutschland?

a) das Bundesaufsichtsamt
b) das Bundesarbeitsgericht
c) das Bundespräsidialgericht
d) das Bundesverfassungsgericht

Lösung:

20. Welche Einflussmöglichkeiten hat die Legislative auf die richterliche Gewalt?

a) Keinen direkten Einfluss, da die Justiz unabhängig ist.
b) Die Legislative kann der Justiz Rahmenweisungen geben.
c) Die Judikative kann der Exekutive notwendige Gesetzesänderungen vorschreiben.
d) Exekutive und Legislative sind voneinander unabhängig.

Lösung:

21. Wann gab es in der Bundesrepublik eine „große Koalition"?

a) 1950–1954   c) 1966–1969
b) 1961–1965   d) 1989–1993

Lösung:

22. Welche Aussage über das Wahlsystem zum Deutschen Bundestag ist richtig? Die Wahlen sind

a) unmittelbar und geheim   c) offen und direkt
b) indirekt und gleich   d) geheim und indirekt

Lösung:

23. Wie viele Stimmen hat man bei der Bundestagswahl?

a) eine   b) zwei   c) drei   d) vier

Lösung:

24. Welche Stimme ist für die Verteilung der Sitze entscheidend?

a) alle Stimmen gleich   c) die Erststimme
b) die Zweitstimme   d) die Drittstimme

Lösung:

25. Was bedeutet „Mehrheitswahl"?
  a) Die Anzahl der Mandate hängt vom Stimmenverhältnis ab.
  b) Die Sitzplatzverteilung erfolgt nach d'Hondt.
  c) Die relative Mehrheit reicht aus, um einen Sitzplatz zu erhalten.
  d) Die absolute Mehrheit muss erreicht sein, um einen Sitzplatz zu erhalten.
  Lösung:

26. In welchen Abständen finden Bundestagswahlen statt?
  a) alle drei Jahre   c) alle fünf Jahre
  b) alle vier Jahre   d) alle sechs Jahre
  Lösung:

27. Ein Abgeordneter tritt aus gesundheitlichen Gründen zurück. Welche der folgenden Aussagen ist richtig?
  a) Es werden Neuwahlen angesetzt.
  b) Der Bundespräsident wählt einen Kandidaten der gleichen Partei aus, der nachrückt.
  c) Der nächste Kandidat der Parteiliste rückt nach.
  d) Der Bundestag wählt einen Nachrücker.
  e) Der Bundestag wird um einen Sitz kleiner, weil keine Neuwahlen stattfinden können.
  Lösung:

28. Was passiert, wenn der Bundeskanzler zurücktritt?
  a) Innerhalb von vier Wochen müssen Bundestagswahlen stattfinden.
  b) Der Bundespräsident wählt einen Nachfolger aus und ernennt ihn binnen drei Tagen.
  c) Der Bundesrat und der Bundestag wählen zusammen den Nachfolger.
  d) Ein Nachfolger wird vom Bundestag gewählt.
  e) Die Bundesversammlung wählt einen Nachfolger.
  Lösung:

85

29. Wie viele wahlberechtigte Bürgerinnen und Bürger hat die
Bundesrepublik?

a) ca. 20 Millionen　　　　d) ca. 80 Millionen

b) ca. 50 Millionen　　　　e) ca. 100 Millionen

c) ca. 70 Millionen

Lösung: ▒

30. Ein Abgeordneter, der bei einer Tempoüberschreitung geblitzt
wurde, kann nicht verurteilt werden. Von welchem Recht
macht er Gebrauch?

a) Indemnität　　　　　　d) Assozietät

b) Immunität　　　　　　e) Loyalität

c) Zeugnisverweigerung

Lösung: ▒

31. Von wem wird der Bundeskanzler gewählt?

a) vom Volk direkt

b) von den Bundesratsmitgliedern

c) von der Bundesversammlung

d) vom Bundestag

Lösung: ▒

32. Von wem und für welchen Zeitraum wird der Bundespräsident
gewählt?

a) von der Bundesversammlung für 4 Jahre

b) von dem Bundestag für 5 Jahre

c) von der Bundesversammlung für 6 Jahre

d) von Bundestag und Bundesrat für 4 Jahre

e) von der Bundesversammlung für 5 Jahre

Lösung: ▒

33. Was bedeutet der Begriff „imperatives Mandat"?

a) Die Abgeordneten sind an Anweisungen der Partei oder
Fraktion gebunden.

b) Es besteht eine völlige Entscheidungs- und Gewissensfreiheit
für Abgeordnete.

c) Die Abgeordneten sind nach einer Volksbefragung an deren Ergebnisse gebunden.

d) Die Abgeordneten können selbst Anweisungen an die Parteiführung erteilen.

Lösung:

34. Wie heißen die Vergütungen von Abgeordneten?
   a) Pensionen   d) Diäten
   b) Saläre   e) Dividenden
   c) Tantiemen
   Lösung:

35. Wer war der erste deutsche Bundeskanzler?
   a) Theodor Heuss   d) Helmut Schmidt
   b) Willy Brandt   e) Konrad Adenauer
   c) Helmut Kohl
   Lösung:

36. Welche Aussage zum Verhältnis von Bundes- und Landesrecht stimmt?
   a) Bundesrecht ist Landesrecht.
   b) Bundesrecht bricht Landesrecht.
   c) Landesrecht bricht Bundesrecht.
   d) Landesrecht ist Bundesrecht.
   Lösung:

37. Wie viele Sitze hat der Deutsche Bundestag?
   a) 316   b) 496   c) 512   d) 624   e) 656
   Lösung:

38. Was heißt „Plenum"?
   a) die Vollversammlung aller Abgeordneten
   b) Basisdemokratie
   c) Volksabstimmung
   d) anderes Wort für Plebiszit
   Lösung:

39. Woher stammt der Begriff der Demokratie?

a) aus Ägypten   c) aus Großbritannien

b) aus den USA   d) aus Griechenland

Lösung: ▨

40. Ab wann besitzt man das aktive Wahlrecht für den Bundestag?

a) ab 16   b) ab 18   c) ab 21   d) ab 24

Lösung: ▨

41. Was bedeutet „passives Wahlrecht"?

a) die Möglichkeit, gewählt zu werden

b) die Tatsache, dass auch eine nicht abgegebene Stimme zählt

c) die Möglichkeit, überhaupt nicht an einer Wahl teilzunehmen

d) die Tatsache, dass auch jemand, der sich nicht aktiv für Politik interessiert, wählen kann

e) Alle Ausländer sollen bei Kommunalwahlen wählen dürfen.

Lösung: ▨

42. Welche Aussage zum Wahlrecht ist richtig?

a) Wählen kann jeder, der das 16. Lebensjahr erreicht hat.

b) Das passive Wahlrecht besteht nur vom 21. bis zum 60. Lebensjahr.

c) Jede Stimme zählt gleich viel, die Stimmabgabe ist geheim, kann aber auch offen erfolgen.

d) Wählen kann jeder, der das 18. Lebensjahr vollendet hat, sofern er die bürgerlichen Ehrenrechte besitzt.

e) Das aktive Wahlrecht setzt die Volljährigkeit, die deutsche Staatsangehörigkeit und einen Aufenthalt in der Bundesrepublik seit mindestens drei Monaten voraus.

Lösung: ▨

43. Was versteht man unter der 5%-Hürde?

a) Eine Partei muss mindestens 5 % Direktmandate haben, um in das Parlament zu kommen.

b) Eine Partei kommt nur dann in das Parlament, wenn sie mindestens 5 % der Stimmen aller Wahlberechtigten auf sich vereinigt.

c) Wenn eine Partei weniger als 5 % aller abgegebenen Zweitstimmen und nicht mehr als zwei Direktmandate erhält, kommt sie nicht in den Bundestag.

d) Eine Wählergemeinschaft muss mindestens 5 % mehr Stimmen erhalten als eine Partei, um ebenfalls als Partei anerkannt zu werden.

Lösung:

44. Welche Bezeichnung für das deutsche Wahlsystem ist richtig?

a) Das Wahlsystem ist ein ausschließliches System der Mehrheitswahl.

b) Es ist ein kombiniertes System von Mehrheits- und Direktwahl.

c) Das Wahlsystem verbindet Direkt- und Listenwahl.

d) Es ist ein Mischsystem von Personen-, Direkt- und Mehrheitswahl.

Lösung:

45. Unter welcher Voraussetzung kann man in den Bundestag gewählt werden?

a) Eine Person muss das aktive Wahlrecht und eine mindestens einjährige deutsche Staatsangehörigkeit nachweisen.

b) Man muss mindestens 21 Jahre alt sein und die deutsche Staatsangehörigkeit von Geburt an besitzen.

c) Der zu wählende Kandidat muss mindestens 18 Jahre alt sein und eine deutsche Abstammung nachweisen können.

d) Alle aktiv Wahlberechtigten sind auch passiv wählbar.

Lösung:

46. Wo ist geregelt, dass „alle Staatsgewalt vom Volke ausgeht"?

a) im Bürgerlichen Gesetzbuch, Paragraph 1

b) im Grundgesetz, Artikel 1

c) im Grundgesetz, Artikel 20

d) im Staatsgesetzbuch, Artikel 5

e) in der Verfassung der Bundesrepublik Deutschland vom 3. Oktober 1990

Lösung:

47. Wer kann für einen Sitz im Bundestag kandidieren?
a) jeder Bundesbürger, der das passive Wahlrecht besitzt
b) nur diejenigen, die das aktive Wahlrecht besitzen und auf einer Parteiliste stehen
c) alle Bürger, die das passive Wahlrecht haben und von einer Partei aufgestellt wurden
d) jeder volljährige Bundesbürger
Lösung:

48. Welche der folgenden Personen war oder ist kein Bundespräsident?
a) Willy Brandt   d) Theodor Heuss
b) Richard von Weizsäcker   e) Roman Herzog
c) Heinrich Lübke
Lösung:

49. Wer ernennt und entlässt die Bundesminister?
a) der Bundeskanzler   c) der Bundesrat
b) der Bundestag   d) der Bundespräsident
Lösung:

50. Was bedeutet der Begriff „Richtlinienkompetenz"?
a) Der Bundeskanzler bestimmt allein, welche Entscheidungen dem Bundestag vorgelegt werden.
b) Der Bundespräsident entscheidet in letzter Instanz, welche Gesetze er unterzeichnet oder nicht.
c) Der Bundeskanzler bestimmt die Richtlinien der Politik.
d) Der Bundestag fasst richtungweisende Beschlüsse für die Politik.
Lösung:

51. Wer kann die Vertrauensfrage im Bundestag stellen?
a) der Bundespräsident   c) der Bundesrat
b) die Bundestagspräsidentin   d) der Bundeskanzler
Lösung:

52. Was ist eine Regierungskoalition?
a) eine Verbindung verschiedener Fraktionen zur Mehrheitsbildung
b) eine Absprache des Bundeskanzlers mit den Bundesministern
c) die Vertrauenskrise, wenn Bundesminister nicht mit der Meinung des Bundeskanzlers übereinstimmen
d) eine Übernahme der Regierungserklärung durch die Opposition
Lösung:

53. Wann tritt ein Gesetz in Kraft?
a) nach der Verabschiedung im Bundestag
b) nach der Verabschiedung im Bundestag und ggf. im Bundesrat
c) wenn es vom Bundespräsidenten gegengezeichnet und danach veröffentlicht wurde
d) wenn es verabschiedet und vom Bundeskanzler unterschrieben wurde
Lösung:

54. Was passiert, wenn der Bundeskanzler nach einer Vertrauensfrage nicht die notwendige Mehrheit erhält?
a) Der Bundestag wird automatisch aufgelöst.
b) Der Bundesrat tritt an die Stelle des Bundestages.
c) Der Bundespräsident kann auf Vorschlag des Bundeskanzlers binnen 21 Tagen den Bundestag auflösen.
d) Der Bundespräsident übernimmt die Amtsgeschäfte.
Lösung:

55. Wer kann zum Bundespräsidenten gewählt werden?
a) jeder Deutsche, der das passive Wahlrecht hat
b) jeder Deutsche, der das aktive Wahlrecht hat und mindestens 40 Jahre alt ist
c) jeder Deutschstämmige, der mindestens 50 Jahre alt ist und das Wahlrecht besitzt
d) Auch Ausländer können zum Bundespräsidenten gewählt werden, wenn sie seit mindestens zehn Jahren in Deutschland leben.
Lösung:

56. Welche Aufgabe hat der Petitionsausschuss?
a) Beschäftigung mit Fragen der sexuellen Belästigung am Arbeitsplatz
b) Diskussion der Reform des Abtreibungsparagraphen
c) Erörterung der Ladenschlusszeiten
d) Entgegennahme und Bearbeitung von Bürgerfragen und -beschwerden
e) Darstellung der Auswirkungen von Gleichberechtigungsgesetzen
Lösung:

57. Mit welcher Mehrheit muss ein Bundeskanzler gewählt werden?
a) mit der absoluten Mehrheit der abgegebenen Stimmen
b) mit der relativen Mehrheit der abgegebenen Stimmen
c) mit der absoluten Mehrheit der gesetzlichen Mitgliederzahl des Bundestages
d) mit der relativen Mehrheit der gerade anwesenden Abgeordneten
e) mit einer qualifizierten Mehrheit der Abgeordneten
Lösung:

58. Welche Mehrheit ist erforderlich, wenn das Grundgesetz geändert werden soll?
a) die Zweidrittelmehrheit im Bundestag und die absolute Mehrheit im Bundesrat
b) die Zweidrittelmehrheit in der Bundesversammlung
c) die absolute Mehrheit in Bundestag, Bundesrat und in der Bundesversammlung
d) die Dreiviertelmehrheit in Bundestag, Bundesrat sowie in den Länderparlamenten
e) die Zweidrittelmehrheit in Bundestag und Bundesrat
Lösung:

59. Welche Aussage zur Rechtsstellung des Bundesrates ist richtig?
Der Bundesrat
a) ist ein Beratungsorgan, kann aber keine Gesetze des Bundes verhindern

b) kann alle gesetzlichen Vorhaben des Bundes verhindern
c) kann Gesetze, für deren Ausführung die Länder zuständig
   wären, mit absoluter Mehrheit verhindern
d) ist in der Lage, alle Gesetze, die Länderangelegenheiten
   betreffen, mit einer Zweidrittelmehrheit zu verhindern
Lösung:

60. Worin besteht der Unterschied zwischen einem präsidialen und
einem parlamentarischen Regierungssystem?
a) Beim präsidialen System wird die Regierung vom
   Bundespräsidenten gewählt, beim parlamentarischen
   System dagegen vom Volk.
b) Beim präsidialen System kann die Regierung nicht
   wie in einem parlamentarischen System durch das
   Parlament gestürzt werden.
c) Beim parlamentarischen System steht an der Spitze der
   Regierung der Bundeskanzler, während es beim präsidialen
   System der Bundespräsident ist.
d) Der Unterschied besteht lediglich in der Machtverteilung,
   da im parlamentarischen System der Bundeskanzler über
   dem Bundespräsidenten steht (und nicht umgekehrt).
Lösung:

61. Einige Länder haben in der Verfassung die „Wahlpflicht" verankert.
Was bedeutet das?
a) Jeder Bürger muss sich an der Wahl beteiligen.
b) Alle wahlberechtigten Bürger müssen bereit sein, öffentliche
   Ehrenämter im Rahmen einer Wahl anzunehmen.
c) Wahlen sind pflichtgemäß durchzuführen.
d) Alle Wahlberechtigten müssen an einer Wahl teilnehmen.
e) Jeder Gewählte muss sein Mandat für die Zeit der
   Wahlperiode ausüben.
Lösung:

62. Womit ist der Begriff „Kommunalwahl" gleichzusetzen?
a) Wahl zu den Landesparlamenten
b) Wahlen zu Stadt- und Gemeinderäten
c) Wahl in Wohngemeinschaften und Kommunen
d) Wahl in kommunistisch/sozialistischen Staaten
Lösung:

63. Welche Aussage kennzeichnet das Prinzip eines Rechtsstaates?
a) Derjenige, der Recht hat, bekommt auch in jedem Falle Recht.
b) Alle Handlungen müssen vorher durch einen Rechtsanwalt überprüft worden sein.
c) Jeder, der gegen Recht verstößt, wird verurteilt.
d) Politische Entscheidungen sind an das geltende Recht gebunden.
e) Wer Recht hat, kann dies notfalls auch mit Gewalt durchsetzen.
Lösung:

64. Was versteht man unter der „Volkssouveränität"?
a) Ein Volk kann sich jederzeit mit Volksabstimmungen in das politische Geschehen einmischen.
b) Volkssouveränität bedeutet, dass die Regierungen nur das tun dürfen, was sie dem Volk in Wahlen zugesagt haben.
c) Volkssouveränität ist gleichzusetzen mit Volksherrschaft.
d) Das Volk kann bei besonderen Anlässen verlangen, dass die Regierung abgewählt wird.
Lösung:

65. Von wem werden die Kandidaten für die Bundestagswahl ernannt?
a) nur von den Parteien
b) Jeder wählbare Bürger kann selbst kandidieren.
c) Auch Wählergemeinschaften können Kandidaten benennen.
d) von allen Organisationen, die vom Bundeswahlamt anerkannt wurden
Lösung:

66. Ein Abgeordneter gibt seinen Parteiaustritt bekannt. Was passiert mit seinem Mandat?

a) Er muss es an seine Partei zurückgeben, damit der Nächste auf der Liste nachrücken kann.

b) Das Mandat muss nur dann zurückgegeben werden, wenn der Kandidat über die Parteiliste gewählt wurde, bei Direktmandaten kann das Mandat behalten werden.

c) Das Mandat ist in jedem Fall zurückzugeben.

d) Es steht dem Abgeordneten frei, ob er das Mandat zurückgibt oder nicht, ganz gleich, ob die Wahl direkt oder über Liste erfolgte.

Lösung:

67. Was verstehen Sie unter einer „Paraphierung?

a) eine Notiz wichtiger Mitteilungen auf einem Papier

b) die Steno-Mitschrift als Protokollunterlage

c) die Unterschrift des Bundeskanzlers unter ein Verfassungsgerichtsurteil

d) die Unterzeichnung von Staatsverträgen

Lösung:

68. Eine Partei erhält bei einer Bundestagswahl 4,5 % der Zweitstimmen. Welche Aussage stimmt?

a) Die Partei kommt auf keinen Fall ins Parlament, da sie die 5 %-Hürde nicht erreicht hat.

b) Ein Sprung ins Parlament ist nur möglich, wenn mindestens drei Direktmandate errungen wurden.

c) Wenn in mindestens einem Wahlkreis ein Direktmandat errungen wurde, zählen die 4,5 % der Stimmen wie volle 5 %.

d) Ab 0,5 % wird ohnehin aufgerundet, die Partei zieht in das Parlament ein.

Lösung:

69. Welche Staatsform hat die Bundesrepublik Deutschland?

a) eine präsidiale Demokratie

b) eine institutionelle Demokratie

c) eine parteiliche Demokratie
d) eine Kanzlerdemokratie
e) eine parlamentarische Demokratie
Lösung: ▨

70. Wie bezeichnet man den Antrag auf Überprüfung eines
Gerichtsurteiles?
a) Klage
b) Deportation
c) Berufung
d) Demission
e) Evaluation
Lösung: ▨

71. Von wem können Gesetzesvorlagen in den Deutschen Bundestag
eingebracht werden?
a) vom einzelnen Abgeordneten
b) nur von einer Bundestagsfraktion
c) von der Bundesregierung
d) nur vom Bundeskanzler
e) von den Ministerpräsidenten der Länder und von der
Bundesregierung
Lösung: ▨

72. Wann erfolgt eine endgültige Abstimmung über eine
Gesetzesvorlage im Deutschen Bundestag?
a) sofort nach der Einbringung, wenn die Mehrheit dafür ist
b) nach der dritten Lesung
c) nur dann, wenn der Bundeskanzler bei der Abstimmung
zugegen sein kann
d) erst, wenn auch die Oppositionsfraktionen mehrheitlich
dem Gesetz zustimmen können oder wenn der
Vermittlungsausschuss einen Kompromiss gefunden hat
Lösung: ▨

73. Wie kommen die Vertreter in den Bundesrat?
a) durch Bundesratswahlen
b) durch Entsendung der Länderregierungen
c) durch Berufung der Ministerpräsidenten
d) durch Berufung des Bundeskanzlers
e) durch Landtagswahlen
Lösung:

74. Wovon hängt es ab, wie viele Vertreter die Bundesländer und Stadtstaaten in den Bundesrat entsenden?
a) von der Einwohnerzahl
b) vom Steueraufkommen
c) vom Wahlergebnis
d) von der Fläche
e) von der Anzahl der Wahlberechtigten
Lösung:

75. Wie viele Bundesländer gibt es?
a) 8   b) 10   c) 12   d) 15   e) 16
Lösung:

76. Wie viele Stadtstaaten hat die Bundesrepublik?
a) einen   b) zwei   c) drei   d) vier   e) fünf
Lösung:

77. Welche der folgenden Städte ist gleichzeitig ein Stadtstaat?
a) München   b) Bremen   c) Rostock   d) Leipzig   e) Köln
Lösung:

78. Wie viele Stimmen haben die kleinsten Bundesländer im Bundesrat?
a) keine   b) jeweils eine   c) jeweils zwei   d) jeweils drei   e) jeweils vier
Lösung:

79. Was bedeutet „Föderalismus"?
a) Gliederung eines Staates in Bundesländer
b) Zusammenschluss von Ländern zu einem Staatenbund

c) Abspaltung von Teilstaaten
d) Zusammenfassung von einzelnen Stadtstaaten zu Bundesländern
Lösung:

80. In welchem Organ bestimmen die Bundesländer mit?
a) im Bundestag   d) in der Bundesversammlung
b) im föderalen Rat   e) im Plenum
c) im Bundesrat
Lösung:

81. Welche der folgenden Zuordnungen von Bundesländern und
ihren Hauptstädten sind falsch?
a) Hessen – Frankfurt
b) Rheinland-Pfalz – Mainz
c) Bayern – München
d) Niedersachsen – Hannover
e) Nordrhein-Westfalen – Dortmund
f) Sachsen-Anhalt – Magdeburg
g) Sachsen – Leipzig
h) Baden-Württemberg – Basel
Lösung:

82. Wie setzt sich die Bundesversammlung zusammen?
a) je zur Hälfte aus der Bundesregierung und dem Bundestag
b) zu zwei Dritteln aus Mitgliedern der Bundesregierung und
zu einem Drittel aus Mitgliedern des Bundesrates
c) zu einem Drittel aus Mitgliedern des Bundesrates und zu
zwei Dritteln aus Mitgliedern des Bundestages
d) je zur Hälfte aus Abgeordneten des Bundestages und
Vertretern der Bundesländer
Lösung:

83. Wie nennt man die „Staatschefs" der Bundesländer?
a) Regierungspräsidenten   c) Staatsminister
b) Ministerialdirigenten   d) Ministerpräsidenten
Lösung:

84. Von wem wird die Bundesrepublik völkerrechtlich vertreten?
a) vom Bundeskanzler
b) von der Bundestagspräsidentin
c) vom Bundesverteidigungsminister
d) vom Bundestag
e) vom Bundespräsidenten
Lösung:

85. Ist die Einteilung der Bundesrepublik in Bundesländer endgültig oder kann sie durch eine Verfassungsänderung aufgehoben werden?
a) Eine völlige Aufhebung ist nur möglich, wenn alle Bundesländer zustimmen.
b) Die Bundesrepublik ist immer ein Bundesstaat. Die Länder können sich nur ggf. neu gliedern, sie können aber nie ganz aufgelöst werden.
c) Wenn zwei Drittel des Bundestages und des Bundesrates dies beschließen, können die Bundesländer aufgelöst werden.
d) Eine Auflösung ist nur nach einer Volksbefragung möglich.
Lösung:

86. Wo hat der Bundespräsident seinen Amtssitz?
a) in Berlin   b) in Bonn   c) in Hamburg   d) in München
Lösung:

87. Die Amtszeit des Bundesratspräsidenten dauert jeweils
a) ein Jahr   b) zwei Jahre   c) drei Jahre   d) vier Jahre   e) fünf Jahre
Lösung:

88. Wann war die deutsche Wiedervereinigung?
a) am 13. August 1961   d) am 03. Oktober 1990
b) am 25. September 1945   e) am 10. Dezember 1993
c) am 09. November 1989
Lösung:

89. Wie viele Mitgliedsländer hat die Europäische Union?

a) 6   b) 10   c) 12   d) 15   e) 17

Lösung: ▨

90. Welches der folgenden Länder gehört nicht zur Europäischen Union?

a) Belgien   d) Finnland
b) Deutschland   e) Portugal
c) Norwegen

Lösung: ▨

91. Welches Mitgliedsland der Europäischen Union hat die meisten Einwohner?

a) England   d) Niederlande
b) Italien   e) Deutschland
c) Frankreich

Lösung: ▨

92. Welches ist das kleinste Mitgliedsland der Europäischen Union?

a) Portugal   d) Luxemburg
b) Liechtenstein   e) Irland
c) Monaco

Lösung: ▨

93. Was bedeutet die Abkürzung OSZE?

a) Organisation Supernationaler Zusammenarbeit
b) Ost-Zentrale-Energiebehörde
c) Oberster Stab zeitgemäßer Energiewirtschaft
d) Organisation für Sicherheit und Zusammenarbeit in Europa

Lösung: ▨

94. Wann und von wem wurde die EWG gegründet?

a) 1969 von Italien, Deutschland und Großbritannien
b) 1957 von Deutschland, Frankreich, Italien, Luxemburg, den Niederlanden und Belgien

c) 1967 von Frankreich, Deutschland, England, Luxemburg,
   Österreich und Belgien
d) 1971 von England, Frankreich und Italien
Lösung:

95. Welche Mitgliedsländer der EU waren von Anfang an nicht in der
gemeinsamen Währungsunion?
a) Griechenland, Großbritannien, Irland, Österreich
b) Dänemark, Griechenland, Großbritannien, Schweden
c) Finnland, Griechenland, Großbritannien, Portugal
d) Finnland, Griechenland, Großbritannien, Irland
Lösung:

96. Seit wann gibt es die Europäische Gemeinschaft (EG),
heute Europäische Union (EU) genannt?
a) seit 1945   b) seit 1954   c) seit 1965   d) seit 1967   e) seit 1982
Lösung:

97. Wann wurde der Vertrag von Maastricht geschlossen?
a) 1954   b) 1957   c) 1985   d) 1992
Lösung:

98. Wo hat das Europäische Parlament seinen Sitz?
a) in Brüssel   b) in Straßburg   c) in Luxemburg   d) in Paris   e) in London
Lösung:

99. Wie oft wird das Europäische Parlament gewählt?
a) alle drei Jahre   c) alle fünf Jahre
b) alle vier Jahre   d) alle acht Jahre
Lösung:

100. Welche der folgenden EU-Länder haben eine gemeinsame Grenze?
a) Deutschland – Spanien   d) Niederlande – Luxemburg
b) Dänemark – Finnland   e) Deutschland – Italien
c) Italien – Frankreich
Lösung:

101. Was ist eine EU-Verordnung?
a) eine für alle Mitgliedsstaaten rechtsverbindliche Vorgabe, die nationalem Recht übergeordnet ist
b) eine Vorgabe, die für die nationalen Gesetze Leitfunktion hat, aber nicht zwingend erfüllt werden muss
c) ein Beschluss der Europäischen Kommission
d) eine Absichtserklärung des Europarates, die von den Mitgliedsstaaten beachtet werden muss
Lösung: ▓

102. Welches ist das zentrale Leit- und Beschlussorgan der EU?
a) das Europäische Parlament   c) der Ministerrat
b) der Europarat   d) der Europäische Zentralrat
Lösung: ▓

103. Der Europäische Gerichtshof
a) hat darüber zu wachen, dass alle EU-Verträge eingehalten werden
b) ist ein Organ der Exekutive in der EU
c) überwacht die Tätigkeit der Europaabgeordneten
d) ersetzt ab dem Jahre 2000 die nationalen Gerichte
Lösung: ▓

104. Der europäische Binnenmarkt wird von vier Merkmalen bestimmt. Welches passt nicht dazu?
a) freier Kapitalverkehr   d) freier Personenverkehr
b) freier Autoverkehr   e) freier Dienstleistungsverkehr
c) freier Warenverkehr
Lösung: ▓

105. Welches Land gehört nicht zum „Euroland"?
a) Irland   d) Schweiz
b) Italien   e) Niederlande
c) Frankreich
Lösung: ▓

106. Welche der folgenden Städte ist keine Hauptstadt eines Mitgliedslandes der EU?

a) Rom   b) Paris   c) Basel   d) Stockholm   e) Brüssel

Lösung:

107. Welche Aussage zur EFTA ist richtig?

a) Die EFTA war ein Vorläufer der EWG, es gibt sie nicht mehr.

b) EFTA bedeutet Europäische Freihandelszone, ihr gehören Island, Liechtenstein, Norwegen und die Schweiz an.

c) Die EFTA ist eine Konkurrenzorganisation zu EU.

d) Alle Länder der EU gehören automatisch auch zur EFTA.

Lösung:

Stichwort: Geschichte – in Deutschland und anderswo

„Wer die Vergangenheit kennt, braucht vor der Zukunft keine Angst zu haben" – dies gilt nicht nur in der Politik, sondern auch im täglichen Leben. Es ist auch ein Grund dafür, dass in Einstellungstests auch nach Sachverhalten der Geschichte gefragt wird, für die Sie sich bisher vielleicht nicht sonderlich interessiert haben, die man aber zum Allgemeinwissen rechnen muss. Die folgenden Fragen stellen einen Querschnitt aus den Gebieten dar, mit denen Sie sich näher befassen sollten.

108. Was bedeutet der Begriff „Deutscher Bund"?

a) Zusammenschluss der Länder im Bundesrat

b) der verfassungsrechtliche Rahmen Deutschlands als Staatenbund von 1815 bis 1866

c) die bundesstaatliche Ordnung nach dem Zweiten Weltkrieg

d) die Organisation im Deutschen Bundestag

Lösung:

109. Wer war der erste Kanzler des Deutschen Reiches?

a) Adenauer   c) Hitler

b) Schmidt   d) Bismarck

Lösung:

110. Wann war der deutsch-französische Krieg?
a) 1870/71   b) 1890/91   c) 1918/19   d) 1939–1945
Lösung:

111. Wann wurde der Westfälische Friede geschlossen und was
wurde durch ihn beendet?
a) der Erste Weltkrieg im November 1918
b) der Dreißigjährige Krieg 1648
c) der Bauernaufstand in Westfalen 1750
d) der Zweite Weltkrieg 1945
Lösung:

112. Womit begann der Erste Weltkrieg?
a) Einmarsch der Deutschen in Polen, nachdem sich Polen geweigert
hatte, Deutschland einen Teil seiner Westgebiete abzutreten
b) Kriegserklärung Österreichs an Serbien nach der Ermordung des
österreichischen Thronfolgers in Sarajewo
c) Kriegserklärung Deutschlands an Italien 1914 wegen der
Inhaftierung des deutschen Botschafters in Rom
d) Einmarsch der Franzosen in das Saarland, nachdem Deutschland
das 1870/71 von den Franzosen eroberte Gebiet nicht
zurückgeben wollte
Lösung:

113. Wie lange herrschte in Deutschland die Monarchie?
a) bis 1871   b) bis 1914   c) bis 1918   d) bis 1929   e) bis 1933
Lösung:

114. Wer war Gustav Stresemann?
a) Gründer der Deutschen Volkspartei, Reichskanzler ab 1923,
späterer Außenminister, der für die deutsch-französische
Annäherung die Wege bereitete
b) Widerstandskämpfer im Dritten Reich, der nach einem
Attentatsversuch auf Adolf Hitler am 20. Juni 1944
verhaftet und umgebracht wurde

c) Nationalsozialist, der die Regierungsgeschäfte vor Adolf
   Hitler führte
d) erster Bundespräsident der Bundesrepublik Deutschland
   nach dem Zusammenbruch 1945 und einer der Mitbegründer
   des Grundgesetzes
Lösung:

115. Wann war Friedrich Ebert Reichspräsident?
a) von 1871–1891   d) von 1919–1925
b) von 1914–1915   e) von 1929–1939
c) von 1914–1918
Lösung:

116. Was war der so genannte „Schwarze Freitag"?
a) der Börsenkrach in New York im Jahre 1929
b) die Niederlage im Krieg gegen Russland im Winter 1944
c) der Tag, an dem die Schlacht um Verdun verloren ging
d) der Tag, an dem Adolf Hitler zum Reichskanzler ernannt wurde
   (Freitag, 30.01.1933)
Lösung:

117. Der Parteiname NSDAP bedeutete:
a) Nationale Soziale Deutsche Arbeiterpartei
b) Neue Sozialistische Demokratische Arbeiterpartei Deutschlands
c) Nationaldemokratische Arbeiterpartei
d) Nationalsozialistische Deutsche Arbeiterpartei
Lösung:

118. Wie hieß eine Jugendorganisation im Dritten Reich?
a) SS   b) SA   c) GSS   d) HJ   e) Weiße Rose
Lösung:

119. Wann wurde Russland in den Zweiten Weltkrieg einbezogen?
a) 1939   b) 1940   c) 1941   d) 1944
Lösung:

120. Welcher der folgenden Namen steht stellvertretend für den Widerstandskampf im Dritten Reich?

a) Oberst von Staufenberg
b) Graf Münster zu Solms
c) Hans Schwillberg
d) General Feldmarschall Kolbe

Lösung:

121. Wer war die „Weiße Rose"?

a) eine Gruppe von Studenten, die unter der Führung von Hans und Sophie Scholl gegen den Nationalsozialismus kämpften
b) die Vereinigung von Rosenzüchtern, die zu Ehren des Führergeburtstages jedes Jahr eine neue Sorte züchteten
c) der Tarnname für den Angriffsbefehl des Überfalls auf Polen, mit dem der Zweite Weltkrieg begann
d) der Name für ein Geschütz, welches im Russlandfeldzug eingesetzt wurde
e) die Bezeichnung für eine Gruppe von freiwilligen Sanitäterinnen an der Front in Frankreich

Lösung:

122. Wann wurde die Mauer in Berlin fertig gestellt?

a) am 08. Mai 1945   c) am 13. August 1961
b) am 23. Mai 1949   d) am 09. November 1989

Lösung:

123. Wer war der erste Reichspräsident der Weimarer Republik?

a) Friedrich Ebert   d) Kaiser Wilhelm I.
b) Gustav Stresemann   e) Philipp Scheidemann
c) Heinrich Mann

Lösung:

124. Welcher Zeitraum wird mit dem Begriff „Weimarer Republik"
bezeichnet?
a) 1914–1918   d) 1919–1929
b) 1914–1919   e) 1919–1933
c) 1919–1925
Lösung:

125. Von wann bis wann existierte das „Dritte Reich"?
a) von 1919–1945   d) von 1933–1945
b) von 1919–1933   e) von 1939–1945
c) von 1929–1945
Lösung:

126. Die Weltwirtschaftskrise erschütterte in den Zwanzigerjahren
die Welt. In welchem Jahr war sie?
a) 1921   b) 1924   c) 1927   d) 1929
Lösung:

127. Was ist mit der „Reichskristallnacht" gemeint?
a) Brandstiftung in jüdischen Synagogen
b) Empfang Hitlers in München
c) Flammende Rede Hitlers im Reichstag in der Nacht
   vor der Machtergreifung
d) Ergebnis des Bombardements von Dresden durch
   die englische Luftwaffe
Lösung:

128. Wann war die Währungsreform?
a) am 23. Juni 1945   c) am 10. Oktober 1951
b) am 20. Juni 1948   d) am 02. Mai 1954
Lösung:

129. Was geschah bei der Währungsreform?
a) Umtausch von Taler in Reichsmark
b) Umtausch von Reichsmark in DM und Zahlung von
   40 DM „Kopfgeld"

c) Inzahlungnahme von Reichsmark gegen Warengutscheine
d) Beschlagnahmung ausländischer Bankguthaben zur
   Kriegsfinanzierung
Lösung: ▨

130. Was wurde im „Warschauer Vertrag" festgelegt?
a) die Rückgabe der ehemaligen Länder des Deutschen Reiches
b) die Festlegung der Unverletzbarkeit der polnischen Westgrenze
c) die Zusammenarbeit von Polen und Deutschland im
   wirtschaftlichen und politischen Bereich
d) die Zusammenführung von NATO und Warschauer Pakt
Lösung: ▨

131. Wer war der letzte Staatsratsvorsitzende der DDR vor dem
Zusammenbruch?
a) Egon Krenz   d) Eugen Herzig
b) Erich Honecker   e) Michail Gorbatschow
c) Walter Ulbricht
Lösung: ▨

132. Joseph Goebbels war
a) Hitlers Stellvertreter
b) Propagandaminister im Dritten Reich
c) Chef der SS im Dritten Reich
d) einer der führenden Widerstandskämpfer im Dritten Reich
Lösung: ▨

133. Der Versailler Vertrag regelte
a) die politische und wirtschaftliche Ordnung des Deutschen
   Reiches nach dem Ersten Weltkrieg
b) die Hofgeschäfte des legendären „Sonnenkönigs" Ludwigs XIV.
c) die Umwandlung Frankreichs in eine Republik nach der
   französischen Revolution
d) den Wiederaufbau Deutschlands nach dem Zweiten Weltkrieg
Lösung: ▨

134. Wer gilt als der Initiator der Idee von den Vereinigten Staaten von Europa?
a) Winston Churchill (1946)   c) Helmut Kohl (1985)
b) Charles de Gaulle (1965)   d) Konrad Adenauer (1959)
Lösung:

135. Wann wurde der Grundlagenvertrag zwischen der DDR und der Bundesrepublik geschlossen?
a) 1959   b) 1965   c) 1969   d) 1972   e) 1990
Lösung:

136. Nach dem Ende des Zweiten Weltkrieges wurde der Marshall-Plan in Kraft gesetzt. Welches Ziel hatte er?
a) Hilfe für den Wiederaufbau der Wirtschaft im Westen
b) Gesamtaufbau beider deutschen Staaten
c) Zerschlagung der Reste der Hitler-Diktatur
d) Aufbau eines demokratischen Regierungssystems in der Bundesrepublik
Lösung:

137. Was war der Warschauer Pakt?
a) ein Bündnis der Ostblockstaaten im Zweiten Weltkrieg gegen Deutschland
b) eine Vereinbarung über den Aufbau der ostdeutschen Wirtschaft
c) die Zusammenfassung aller sozialistischen Länder zur Erlangung der Weltherrschaft
d) ein militärisches Bündnissystem des Ostblockes
Lösung:

138. Wann war der Erste Weltkrieg?
a) 1870–1871   d) 1914–1918
b) 1891–1897   e) 1916–1939
c) 1910–1915
Lösung:

139. Wann begann der Zweite Weltkrieg?

    a) am 14. Oktober 1929   d) am 22. Juni 1941
    b) am 2. Mai 1933   e) am 8. Mai 1945
    c) am 1. September 1939

Lösung:

140. Womit begann der Zweite Weltkrieg?

    a) mit dem Überfall auf Polen
    b) mit der Kriegserklärung an die Sowjetunion
    c) mit einem Angriff auf Frankreich
    d) mit der Wahl Adolf Hitlers zum Reichskanzler
    e) mit dem Einmarsch in das Ruhrgebiet

Lösung:

141. Wo tagten die Alliierten, als sie die Neuordnung Deutschlands und der Besatzungszonen nach dem Zweiten Weltkrieg festlegten?

    a) auf der Münchener Konferenz
    b) in Braunau bei Innsbruck
    c) in Frankfurt
    d) auf der Potsdamer Konferenz
    e) auf der Konferenz von Versailles

Lösung:

142. Welche Aufgabe hat(te) der Alliierte Kontrollrat?

    a) Oberstes Organ der Vereinten Nationen mit der Aufgabe, den Weltfrieden zu sichern
    b) Zusammenfassung der führenden westlichen Industrienationen zur Stärkung der Weltwirtschaft
    c) Kontrollorgan im Rahmen der Europäischen Union zur Sicherstellung der Einhaltung der vom Europarat beschlossenen Gesetze
    d) Oberstes Regierungsorgan nach der deutschen Kapitulation 1945 mit vier Oberbefehlshabern der Siegermächte

Lösung:

143. Wann feierte die DDR ihr 40-jähriges Bestehen?
a) am 07. Oktober 1950   d) am 30. September 1989
b) am 29. Mai 1989   e) am 07. Oktober 1989
c) am 17. Juni 1953
Lösung:

144. Wann öffnete sich der „Eiserne Vorhang"?
a) am 17. Juni 1953   c) am 07. September 1989
b) am 13. August 1961   d) am 09. November 1989
Lösung:

145. Wer war zur Zeit der deutschen Wiedervereinigung Staatschef in Moskau?
a) Lenin b) Gorbatschow   c) Lenienkow   d) Jelzin
Lösung:

146. Was bezeichnet der Begriff „Wiener Kongress"?
a) Tagung der europäischen Fürsten und Staatsmänner, die 1814/15 stattfand
b) Kongress zur nationalen Zusammenarbeit in Europa 1954
c) Versammlung zur Gestaltung der internationalen Friedensbewegung 1990
d) Erstmaliges Zusammentreffen der russischen und amerikanischen Außenminister
Lösung:

147. Von wem stammt der Ausspruch „l'état c'est moi"?
a) von Napoleon   c) von Charles de Gaulle
b) von Ludwig XIV.   d) von Robbespierre
Lösung:

148. In welcher Zeit fand die Französische Revolution statt?
a) 1449–1458   c) 1675–1678
b) 1563–1614   d) 1789–1799
Lösung:

149. Die Heilige Allianz
a) ist eine Verschwörung von Christen gegen Andersgläubige
b) wurde von Russland, Österreich und Preußen unterzeichnet
c) ist ein mittelalterlicher Begriff aus der Zeit der Hexenverfolgung
d) ist ein Bündnis von Franzosen und Deutschen gegen die Alliierten
Lösung: ▨

150. Wer war Wladimir Iljitsch Lenin?
a) russischer Abgesandter, der den Aufbau der früheren DDR leitete
b) erster russischer Astronaut, der mit dem Sputnik die Erde umkreiste
c) revolutionärer russischer Staatsmann
d) russischer General im Zweiten Weltkrieg, der an der Schlacht um Stalingrad beteiligt war
Lösung: ▨

151. Wann und wo begann die erste industrielle Revolution?
a) zwischen 1860 und 1865 in Leipzig
b) in der Zeit von 1715 bis 1735 in Frankreich
c) um 1890 in der amerikanischen Automobilstadt Detroit
d) zwischen 1760 und 1789 in England
Lösung: ▨

152. Die „Römischen Verträge" waren
a) ein deutsch-italienisches Abkommen zum Kulturaustausch
b) die Gründungsvereinbarung zur Europäischen Wirtschaftsgemeinschaft
c) ein Abkommen unter Kaiser Nero
d) eine Vereinbarung der UEFA über den Wechsel von Fußballern von Deutschland nach Italien
Lösung: ▨

Geographie

„Reisen bildet" – so lautet ein alter Spruch. Aber vorher sollte man wissen, wohin die Reise gehen soll. Fragen zur Geographie gehören heute zu vielen Tests, weil man von den Auszubildenden erwartet, dass sie sich zumindest etwas in Deutschland, Europa und der Welt auskennen.

Ran an die Übungsaufgaben!
Tragen Sie bitte wieder den richtigen Lösungsbuchstaben in das jeweilige Lösungsfeld ein. Vielleicht legen Sie sich auch gleich einen Atlas bereit, mit dessen Hilfe Sie dann in Zweifelsfällen Ihre geographischen Kenntnisse vertiefen können.

Stichwort: Deutschland

1. Welches ist der höchste deutsche Berg?
  a) die Zugspitze
  b) das Matterhorn
  c) der Feldberg
  d) der Brocken
  e) der Kaiserstuhl
  Lösung:

2. Gehört die Insel Sylt zu den
  a) Ostfriesischen Inseln?
  b) Ostseeinseln?
  c) Nordfriesischen Inseln?
  d) Westfriesischen Inseln?
  Lösung:

3. Welcher Strom entspringt in der Schweiz und mündet in die Nordsee?
  a) die Donau   b) die Elbe   c) die Weser   d) der Rhein   e) die Oder
  Lösung:

4. Wo liegt der Schwarzwald?
  a) links der Elbe in Bayern
  b) rechts des Rheins im Elsass
  c) an der Donau im Saarland
  d) rechts des Rheins in Baden-Württemberg
  Lösung:

5. Welche der folgenden Städte liegt am südlichsten?
a) Stuttgart   b) Nürnberg   c) München   d) Würzburg   e) Frankfurt
Lösung: ▨

6. Welche Reihenfolge der Städte stimmt in Richtung Nord-Süd?
a) Hamburg – Kassel – Magdeburg – Nürnberg
b) Bremen – Hamburg – Frankfurt – Darmstadt
c) Hannover – Kassel – Darmstadt – Stuttgart
d) Halle – Erfurt – Würzburg – Frankfurt
e) Dortmund – Köln – Stuttgart – Frankfurt
Lösung: ▨

7. Wo findet man den „Römer"?
a) Hannover   b) Rostock   c) München   d) Leipzig   e) Frankfurt
Lösung: ▨

8. Welche der folgenden Städte liegt in den neuen Bundesländern?
a) Prag   b) Dresden   c) Braunschweig   d) Offenbach   e) Tübingen
Lösung: ▨

9. Wo findet man den Jadebusen und welche Stadt liegt dort?
a) an der Ostsee/Rostock   d) an der Nordsee/Bremen
b) am Bodensee/Mainau   e) an der Nordsee/Wilhelmshaven
c) an der Ostsee/Kiel
Lösung: ▨

10. Welches ist eine Grenzstadt zu Österreich?
a) Freiburg   b) Saarbrücken   c) Aachen   d) Dresden   e) Passau
Lösung: ▨

11. Liegt das Frankenland in
a) Norddeutschland?   d) Sachsen-Anhalt?
b) Bayern?   e) Hessen?
c) Baden-Württemberg?
Lösung: ▨

12. Welches ist das nördlichste Bundesland?
  a) Niedersachsen   d) Mecklenburg-Vorpommern
  b) Nordrhein-Westfalen   e) Brandenburg
  c) Schleswig-Holstein
  Lösung:

13. Aus welchen beiden Flüssen entsteht die Weser?
  a) aus Werra und Donau   d) aus Saar und Elbe
  b) aus Fulda und Ems   e) aus Werra und Fulda
  c) aus Neckar und Saale
  Lösung:

14. Welche Zuordnung von Städten und Flüssen ist falsch?
  a) München – Donau   d) Frankfurt – Main
  b) Dresden – Elbe   e) Köln – Rhein
  c) Kassel – Fulda
  Lösung:

15. Welches ist die höchste Erhebung im Schwarzwald?
  a) der Hoherodskopf   d) der Maulberg
  b) die Meißnerhöhe   e) die Zugspitze
  c) der Feldberg
  Lösung:

16. Der Rennsteig liegt
  a) in der Rheinebene   d) im Thüringer Wald
  b) im Schwarzwald   e) im Allgäu
  c) in der Norddeutschen Tiefebene
  Lösung:

17. Wo müssten Sie wandern, um auf den Brocken zu kommen?
  a) im Harz   d) im Ried
  b) im Thüringer Wald   e) im Fichtelgebirge
  c) im Erzgebirge
  Lösung:

18. Wo entspringt und mündet die Donau?

  a) Sie entspringt im Schwarzwald und mündet ins Schwarze Meer.
  b) Sie entspringt im Bayerischen Wald und mündet in die Nordsee.
  c) Sie entspringt im Harz und mündet in die Ostsee.
  d) Sie entspringt im Erzgebirge und mündet ins Mittelmeer.
  Lösung: ▨

Stichwort: Europa

19. Betrachten Sie genau die europäische Landkarte und schreiben Sie
  hinter die Ländernamen jeweils die richtigen Ziffern:

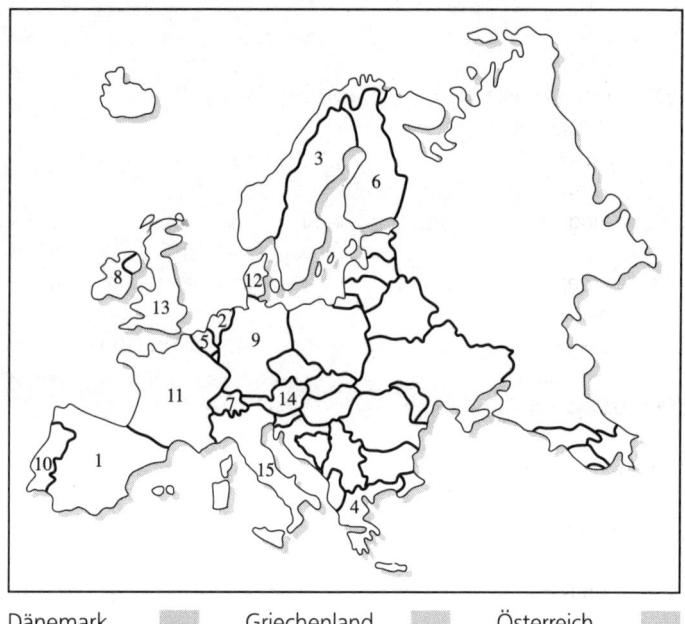

Dänemark	▨	Griechenland	▨	Österreich	▨
Deutschland	▨	Großbritannien	▨	Portugal	▨
Belgien	▨	Irland	▨	Schweden	▨
Finnland	▨	Italien	▨	Schweiz	▨
Frankreich	▨	Niederlande	▨	Spanien	▨

20. Wo liegt der Genfer See?
   a) in der Schweiz   c) in Deutschland
   b) in Österreich   d) in Südtirol
Lösung:

21. Welche Kombinationen von europäischen Städten und Flüssen
sind falsch?
   a) Rom – Tiber   f) Prag – Moldau
   b) Paris – Rhône   g) Madrid – Ebro
   c) London – Themse   h) Lyon – Seine
   d) Bonn – Rhein   i) Augsburg – Lech
   e) Wien – Donau
Lösung:

22. Welche Länder haben eine gemeinsame Grenze?
   a) Frankreich – Dänemark   d) Spanien – Italien
   b) Italien – Österreich   e) Niederlande – Luxemburg
   c) Deutschland – England
Lösung:

23. Welches ist die kürzeste Fährverbindung zwischen dem Festland
und England?
   a) Harwich – Brighton   c) Le Havre – Bournemouth
   b) Hamburg – Hull   d) Dover – Calais
Lösung:

24. Zu welchem Land gehört Dublin?
   a) England b) Irland c) Schottland d) Island
Lösung:

25. „Loch Ness" ist
   a) ein Bergbaukrater im Ruhrgebiet
   b) ein See in Schottland
   c) eine Vertiefung durch den Flugzeugabsturz bei Lockerbee
   d) eine Bohrung bis zur Erdmitte anlässlich der documenta in Kassel
Lösung:

26. Versailles liegt
  a) in der Nähe von Potsdam   c) südlich von Straßburg
  b) bei Paris   d) bei Bordeaux
  Lösung: ▮

27. Der Skagerrak ist eine Meerenge zwischen
  a) Italien und Spanien   c) Dänemark und Norwegen
  b) Norwegen und Finnland   d) Polen und Schweden
  Lösung: ▮

28. Welches ist die größte deutsche Insel in der Ostsee?
  a) Fehmarn   b) Sylt   c) Langeoog   d) Ösel   e) Rügen
  Lösung: ▮

29. Wie heißen die dargestellten Mittelmeerinseln? Welche Insel gehört
nicht dazu?

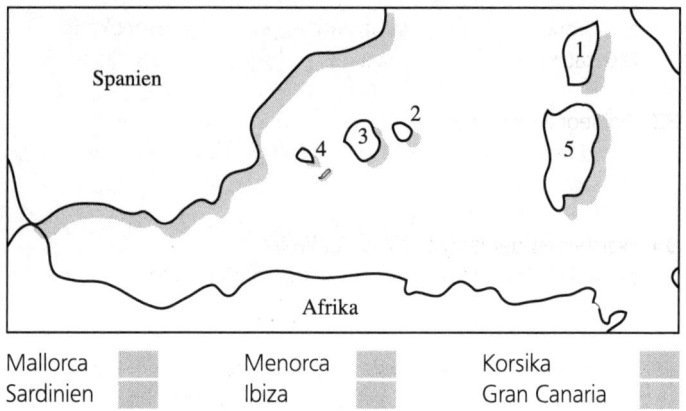

Mallorca ▮   Menorca ▮   Korsika ▮
Sardinien ▮   Ibiza ▮   Gran Canaria ▮

Stichwort: Die weite Welt

30. Wie viele Erdteile unterscheidet man?
  a) drei   b) vier   c) fünf   d) sechs
  Lösung: ▮

31. Wo liegt der Viktoriasee?
a) in England   b) in Afrika   c) in Amerika   d) in Frankreich   e) in Russland
Lösung:

32. Wo liegen auf der dargestellten Weltkarte die folgenden Städte?

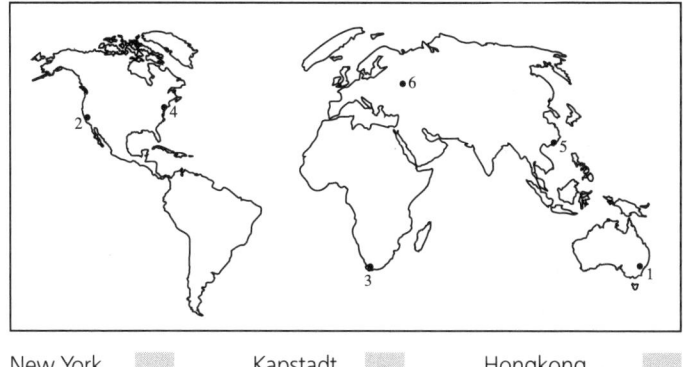

New York   Kapstadt   Hongkong
Moskau   Sydney   San Francisco

33. Wo liegen die Anden?
a) in Nordamerika   b) in Afrika   c) in Europa   d) in Südamerika   e) in Asien
Lösung:

34. Welches ist der längste Fluss der Welt?
a) der Nil   b) der Rhein   c) die Seine   d) der Ganges   e) der Missouri
Lösung:

35. Wo liegt der Tempel von Ephesus, eines der sieben Weltwunder?
a) in der Türkei   b) in Ägypten   c) in Indien   d) in Amerika   e) in Tunesien
Lösung:

36. Der höchste Berg der Erde ist der Mount Everest. Wie hoch ist er etwa?
a) ca. 7 000 m   c) ca. 12 000 m
b) ca. 9 000 m   d) ca. 15 000 m
Lösung:

37. Wo liegt der Mount Everest?

a) in den Alpen
b) in den Anden
c) im Himalaja

d) im Ural
e) in den Pyrenäen

Lösung:

38. Wo findet man das Kolosseum?

a) in Griechenland
b) in Spanien
c) in Norwegen

d) in Portugal
e) in Italien

Lösung:

39. Feuerland ist

a) der höchste Berg in Südafrika
b) die Südspitze von Südamerika
c) ein Steppenbrand in Asien
d) eine Bezeichnung für ein Bürgerkriegsgebiet
e) ein Staat in Südafrika

Lösung:

40. Die Kanarischen Inseln liegen im

a) Mittelmeer
b) Kanarischen Meer
c) Pazifischen Ozean

d) Atlantischen Ozean
e) Indischen Ozean

Lösung:

41. Welche Meere verbindet der Panamakanal?

a) Pazifik – Karibisches Meer
b) Atlantik – Indischer Ozean

c) Mittelmeer – Atlantik
d) Nordpolarmeer – Südpazifik

Lösung:

42. Die Antarktis

a) liegt am Südpol
b) liegt am Nordpol

c) gehört zu Grönland
d) ist mit dem Äquator gleichzusetzen

Lösung:

Der Natur auf der Spur: Physik und Chemie

„Physik und Chemie im Eignungstest, das schaff ich nie!" – diesen Ausspruch hört man oft. Aber mit ein bisschen Vorbereitung haben auch Sie Ihr Wissen schnell wieder aufgefrischt. Genau wie bei allen anderen Testfragen will Ihr künftiger Ausbilder auch hier in erster Linie wissen, ob Ihnen die Grundlagen der Naturwissenschaften einigermaßen vertraut sind, denn im Beruf, aber auch im Privatleben hat man damit öfter zu tun, als man denkt.

 Ran an die Übungsaufgaben!
Tragen Sie bitte wieder den richtigen Lösungsbuchstaben in das jeweilige Lösungsfeld ein. Scheuen Sie sich nicht, bei Fragen, zu denen Ihnen überhaupt nichts einfällt, noch einmal in Ihren Schulheften oder in einem Nachschlagewerk nachzulesen.

1. Wieviel Watt hat ein Kilowatt?
a) 10   b) 100   c) 1 000   d) 10 000   e) 100 000
Lösung:

2. Ein Auto hat 85 kW Leistung. Wieviel PS sind dies zirka?
a) 45   b) 65   c) 85   d) 100   e) 115
Lösung:

3. Wie lautet die physikalische Einheit zur Messung von Kraft?
a) Pond   b) Kilopond   c) Newton   d) Ampere   e) Joule
Lösung:

4. Welche Aussage über den physikalischen Begriff „Masse" ist richtig?
a) Die Masse bleibt ortsunabhängig gleich.
b) Die Masse wird größer, je weiter sich ein Gegenstand von der Erde entfernt.
c) Die Masse wird kleiner, wenn sich ein Gegenstand von der Erde entfernt.

d) Die Masse strebt gegen null, wenn man die Theorie des „schwarzen Loches" zugrunde legt.

Lösung:

5. Welche Aussage über die Dichte von Blei und Aluminium stimmt?
a) Blei ist dichter als Aluminium.
b) Aluminium und Blei haben bei einem bestimmten Gewicht die gleiche Dichte.
c) Beide Stoffe haben je nach Verwendungszweck eine unterschiedliche Dichte.
d) Die Dichte von Blei ist geringer als die des Aluminiums.

Lösung:

6. Welche Aussage über das Verhältnis von Dichte und spezifischem Gewicht ist richtig?
a) Je dichter ein Stoff ist, desto geringer ist das spezifische Gewicht.
b) Je größer das spezifische Gewicht ist, desto dichter ist der Stoff.
c) Je niedriger das spezifische Gewicht ist, desto größer ist die Dichte.
d) Mit größerer Dichte steigt auch das spezifische Gewicht.
e) Es gibt keinen Zusammenhang.

Lösung:

7. In der Praxis werden oft Rollen eingesetzt, um bestimmte technische Vorgänge zu erleichtern. Welche Aussage stimmt?
a) Eine ortsfeste Rolle lenkt eine Kraft nur um, der Betrag der Kraft bleibt dabei gleich.
b) Eine ortsfeste Rolle lenkt die Kraft um und halbiert den Kraftaufwand.
c) Eine lose Rolle lenkt die Kraft um und erhöht den Kraftaufwand.
d) Eine lose Rolle lässt die Kraftrichtung gleich und senkt den Betrag der Kraft.

Lösung:

8. Welche Aussage über das folgende System ist richtig?

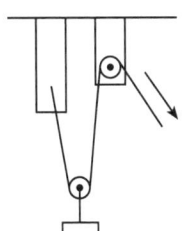

a) Der Kraftaufwand bleibt gleich, die Rollen lenken die Kraft nur um.

b) Die ortsveränderliche (lose) Rolle ist überflüssig, weil sie auf die Kraft keinen Einfluss hat.

c) Der Kraftaufwand halbiert sich gegenüber einem System ohne Rollen.

d) Die Kraft wird um 33 % verringert.

e) Der Kraftaufwand beträgt nur noch ein Viertel.

Lösung:

9. Welches ist die richtige Maßeinheit für die Energie?

a) Kilowatt   b) Joule   c) Moules   d) PS   e) Tonne

Lösung:

10. Wie wird der Begriff „Leistung" physikalisch definiert?

a) Arbeit x Zeit x Kraft   d) Arbeit : Zeit

b) Kraft x Weg x Zeit   e) Zeit : Arbeitskraft

c) Energie : Kraft

Lösung:

11. Was besagt das „Hebelgesetz"?

a) Der Hebel ist ein Krafterzeuger.

b) Mit einem Hebel spart man Energie.

c) Je länger der Kraftarm ist, desto weniger Kraft braucht man.

d) Je größer der Hebelweg ist, desto größer ist die benötigte Kraft.

Lösung:

12. Wie hoch ist in etwa die Gewichtskraft der Luft?

a) 1 millibar   b) 10 hydrobar   c) 1 bar   d) 10 bar

Lösung:

13. Wie nennt man die Geräte, mit denen der Luftdruck gemessen wird?

a) Hygrometer   c) Barometer

b) Thermometer   d) Tachometer

Lösung:

14. Auf einen in eine Flüssigkeit eingetauchten Körper wirkt eine Auftriebskraft. Welche Aussage stimmt mit dem Satz des Archimedes überein?

a) Je größer der Körper, desto größer der Auftrieb.

b) Je weiter ein Körper eintaucht, desto leichter wird er.

c) Der Auftrieb ist so groß wie die Gewichtskraft der verdrängten Flüssigkeit.

d) Auftrieb entsteht dadurch, dass Wasser verdampft.

e) Ein leerer lässt sich mit dem gleichen Kraftaufwand wie ein voller Eimer unter Wasser drücken, weil der Auftrieb in beiden Fällen gleich ist.

Lösung:

15. Durch welche Kraft wird der abgebildete Tropfen am Glas gehalten?

a) durch Asbestion

b) durch Kohäsion

c) durch Adhäsion

d) durch Korrosion

Lösung:

16. Was ist eine Frequenz?

a) ein Radiosender

b) die Schwingung von Wellen

c) der Hörbereich des Menschen

d) der Zusammenhalt von Molekülen

Lösung:

17. In welchem Schwingungsbereich kann das menschliche Ohr hören?

a) ca. 1 000 bis 100 000 Hz   d) von 0 bis ca. 15 000 Hz

b) ca. 1 200 bis 30 000 Hz   e) ca. 5 000 bis 8 000 Hz

c) ca. 16 bis 20 000 Hz

Lösung:

18. Was ist Ultraschall?
  a) die Überschallgeschwindigkeit von Flugzeugen
  b) ein Schallbereich ab ca. 20 000 Hz, der für den Menschen
     nicht zu hören ist
  c) eine Untersuchungsmethode bei Herzkranken
  d) Schallwellen, die nicht hörbar sind, weil die zugehörigen
     Töne sehr tief sind
  Lösung:

19. Welche Aussage über die Geschwindigkeit des Schalls stimmt?
  a) Schall ist schneller als Licht.
  b) Schall breitet sich mit ca. 334 m pro Sekunde aus.
  c) Die Schallmauer liegt bei ca. 2 000 km/h.
  d) Schallwellen lassen sich mithilfe eines Mikroskops messen.
  Lösung:

20. Welche Aussagen über das Temperaturverhalten von Stoffen stimmt?
  a) Flüssigkeiten dehnen sich beim Erwärmen so aus wie Gase.
  b) Feste Stoffe dehnen sich beim Erhitzen stärker aus als
     Flüssigkeiten.
  c) Flüssige Stoffe haben alle das gleiche Ausdehnungsverhalten.
  d) Flüssigkeiten dehnen sich beim Erwärmen wesentlich stärker
     aus als feste Stoffe.
  Lösung:

21. Welches ist keine international übliche Maßeinheit für die
  Temperatur?
  a) Celsius   b) Koronar   c) Fahrenheit   d) Kelvin
  Lösung:

22. Was bewirkt Reibung bei den Molekülen eines Stoffes?
  a) Die Moleküle schrumpfen stark.
  b) Die Moleküle bewegen sich gleichförmig.
  c) Die Moleküle bewegen sich schneller.
  d) Die Moleküle geraten durcheinander.
  Lösung:

23. Welche Aussage über einen Dampfdrucktopf ist richtig?

a) Der Siedepunkt wird herabgesetzt, die Speisen werden schneller gar.

b) Der Siedepunkt wird heraufgesetzt, damit die Garzeit verringert wird.

c) Der Siedepunkt liegt unter 100 Grad.

d) Die Siedetemperatur des Wassers sinkt, deshalb braucht man weniger Energie.

Lösung: ▨

24. Mit welcher Geschwindigkeit breitet sich Licht aus?

a) ca. 100 000 cm/sec   d) ca. 300 000 km/sec

b) ca. 200 000 m/sec   e) ca. 1 000 000 km/sec

c) ca. 500 000 m/min

Lösung: ▨

25. In einem Auto ist man vor Blitzschlag sicher. Das Auto ist ein

a) faradayscher Käfig   c) elektroskopisches Gefährt

b) Neutralisationskörper   d) protonensicherer Käfig

Lösung: ▨

26. Welche Aussage über den Stromfluss ist richtig?

a) Strom hat keine bestimmte Flussrichtung.

b) Strom benötigt immer drei Pole (+, −, Massepol).

c) Strom läuft immer gleichgerichtet.

d) Strom wechselt immer die Richtung.

e) Strom fließt immer vom Minus- zum Pluspol.

Lösung: ▨

27. In welcher Einheit wird die elektrische Spannung gemessen?

a) in Ampère   d) in Kilopond

b) in Watt   e) in Volt

c) in Newtonmeter

Lösung: ▨

28. Was besagt das Ohmsche Gesetz?

a) Die Stromstärke ist proportional zur Spannung.

b) Die Spannung sinkt, wenn der Widerstand steigt.

c) Der Widerstand ist in allen festen Stoffen gleich.
d) Je größer die Leistung, desto größer der Stromverbrauch.
Lösung:

29. Welche Aussage zum Magnetismus ist richtig?
   a) Pluspole ziehen sich an, Minuspole stoßen sich ab.
   b) Gleichnamige Pole stoßen sich ab.
   c) Die Feldlinien gehen vom Südpol aus und „wandern"
      zum Nordpol.
   d) Nord- und Südpol sind in jedem Metall vorhanden.
   Lösung:

30. Welcher der folgenden Sätze zur Elektrizitätslehre ist richtig?
   a) Stromstärke ist die Kraft, mit der Elektronen bewegt werden.
   b) Beim Hintereinanderschalten von Spannungsquellen erhöht sich die
      Spannung.
   c) Beim Parallelschalten von zwei 6-Volt-Batterien addiert sich die
      Spannung auf 12 Volt.
   d) Wechselstrom und Gleichstrom werden in unterschiedlichen
      Kraftwerken erzeugt.
   Lösung:

31. Welches der folgenden Gase ist ein Edelgas?
   a) Propangas   b) Sauerstoff   c) Lachgas   d) Helium
   Lösung:

32. Was ist das chemische Zeichen für Silber?
   a) Si   b) Sb   c) Ag   d) Cl   e) Cb
   Lösung:

33. Welche Eigenschaft hat Wasser?
   a) Es gefriert erst bei - 4 Grad C.
   b) Wasser dehnt sich aus, wenn es gefriert.
   c) Wasser ist schwerer als Gas.
   d) Wasser ist leichter als Luft.
   Lösung:

34. Wann hat Wasser die größte Dichte?
a) bei 10 Grad C   c) bei 0 Grad C
b) bei 4 Grad C   d) bei Minusgraden
Lösung: ▨

35. Auf welchen chemischen Prozess ist Rost zurückzuführen?
a) auf Oxidation
b) auf Mutation
c) auf elektrolytische Erscheinungen
d) auf Katalysation
Lösung: ▨

Das geht uns alle an: Wirtschaft und Soziales

Dieses Prüfungsgebiet ist besonders wichtig für alle, die sich um einen kaufmännischen Ausbildungsberuf oder in der Verwaltung bewerben. Ihr Wissen aus diesem Gebiet zeigt, ob Sie an wirtschaftlichen, wirtschafts- und sozialpolitischen Fragen interessiert sind und ob Sie das aktuelle Geschehen in Presse, Funk und Fernsehen verfolgen.

Expertentipp:
Auch hier gilt wieder: Informieren Sie sich vor dem Test (und auch vor dem Einstellungsgespräch) über das aktuelle wirtschaftliche und wirtschaftspolitische Geschehen.

Grundlagen unserer Wirtschaftsordnung

Ran an die Übungsaufgaben!
Tragen Sie bitte wieder den richtigen Lösungsbuchstaben in das jeweilige Lösungsfeld ein und informieren Sie sich über die Themen jener Fragen, die Ihnen Schwierigkeiten bereiten, in einem Nachschlagewerk und/oder Ihren Aufzeichnungen aus der Schulzeit.

1. Wie heißt unser heutiges Wirtschaftssystem in Deutschland?
a) Planwirtschaft
b) freie Marktwirtschaft
c) soziale Marktwirtschaft
d) Zentralverwaltungswirtschaft
e) ökologische Marktwirtschaft
Lösung:

2. Welches Wirtschaftssystem wurde in der früheren DDR praktiziert?
a) sozialistische Marktwirtschaft
b) kommunistische Planwirtschaft
c) marxistisch-leninistische Planwirtschaft
d) Zentralverwaltungswirtschaft
e) Comecon
Lösung:

3. Welches der nachfolgenden Merkmale ist kein Bestandteil der sozialen Marktwirtschaft?
a) Es herrscht generelle Vertragsfreiheit. Diese ist aber zum Schutze der sozial Schwächeren durch staatliche Maßnahmen eingeschränkt.
b) Der Staat kann zur Erhaltung von Arbeitsplätzen in Tarifverhandlungen eingreifen.
c) Der Staat versucht mit wirtschaftspolitischen Maßnahmen die Konjunktur zu steuern.
d) Freie Unternehmer handeln mit dem Ziel, einen größtmöglichen Gewinn zu erzielen.
e) Das Bundeskartellamt ist Wächter zum Schutze des Wettbewerbs.
Lösung:

4. Welches ist kein wirtschaftspolitisches Ziel im Stabilitätsgesetz?
a) Vollbeschäftigung, d. h. eine möglichst geringe Arbeitslosenquote
b) außenwirtschaftliches Gleichgewicht, d. h. der Export überwiegt leicht den Import
c) stetiges, angemessenes Wirtschaftswachstum
d) Preisniveaustabilität, d. h. eine Inflationsrate von unter 1,5 Prozent
e) Umweltschutz, d. h. möglichst geringe Umweltbelastung
Lösung:

5. Welche der folgenden Aussagen ist falsch?

a) Die Bundesregierung unterstützt die Bildung von Monopolen, um die internationale Wettbewerbsfähigkeit unserer Unternehmen zu erhalten.

b) Monopole sind nachteilig für die Verbraucher.

c) Betriebe dürfen sich in Deutschland nur zusammenschließen, wenn damit der Wettbewerb nicht gefährdet wird.

d) In den meisten anderen Ländern der Welt können Monopole durch Betriebszusammenschlüsse gebildet werden.

e) Eine ausgewogene Konkurrenz ist vorteilhaft für die Verbraucher.

Lösung:

6. Welche Aussage zur Europäischen Zentralbank ist falsch?

a) Sie wird auch als „Bundesbank" bezeichnet.

b) Sie ist unabhängig von der jeweiligen Regierung.

c) Sie hat als oberste Aufgabe, die Stabilität der Währung zu erhalten.

d) Sie kann die Leitzinsen verändern.

e) Ihr Sitz ist in Frankfurt/M.

Lösung:

7. Welches ist kein monetaristisches Instrument der Europäischen Zentralbank (EZE)?

a) Offenmarktpolitik*

b) Refinanzierungsfazilität

c) Diskontpolitik

d) Mindestreservepolitik

e) Einlagenfazilität

Lösung:

8. Was ist eine „Rezession"?

a) ein Rückgang der Konjunktur

b) ein Kurssturz auf den Aktienmärkten

c) ein Rückgang der Arbeitslosenquote

d) ein Wirtschaftsaufschwung

e) ein Konkurs einer Unternehmung

Lösung:

9. Welche der unten genannten Aufzählungen kennzeichnet eine Hochkonjunktur?

a) Arbeitslosigkeit, Einkommenssteigerungen, Preissteigerungen

b) Einkommenssenkungen, Preissteigerungen, Arbeitslosigkeit

c) Wirtschaftswachstum, Vollbeschäftigung, Preissteigerungen

d) starkes Wirtschaftswachstum, Vollbeschäftigung, Einkommensrückgänge

e) Vollbeschäftigung, Wirtschaftswachstum, Absinken des Preisniveaus

Lösung:

10. Welche Versicherung ist kein Bestandteil der Sozialversicherung?

a) gesetzliche Rentenversicherung

b) gesetzliche Krankenversicherung

c) Arbeitslosenversicherung

d) Pflegeversicherung

e) Haftpflichtversicherung

Lösung:

11. Welche Beschreibung trifft auf die Marktform des „Monopols" zu?

a) viele Anbieter, viele Nachfrager

b) wenig Anbieter, viele Nachfrager

c) ein Anbieter, viele Nachfrager

d) Preisabsprache der auf dem Markt befindlichen Anbieter

e) Zusammenschluss von zwei Unternehmen zur Vergrößerung des Marktanteils und zur Verbesserung der Wettbewerbssituation

Lösung:

12. Unter „Bruttosozialprodukt" versteht man

a) den Bruttowert aller Sozialleistungen eines Landes pro Jahr

b) den Wert der gezahlten Sozialhilfe eines Landes pro Jahr

c) den Zuschuss des Bundes an die Sozialversicherungsträger pro Jahr

d) den Wert aller in einem Land hergestellten Dienstleistungen und Güter pro Jahr

e) den Bruttowert aller verkauften Güter in einem Jahr

Lösung:

Das aktuelle Basiswissen aus Nachrichten, Wirtschaftsmagazinen, Zeitungen und Zeitschriften

1. Was ist die OPEC?
a) die ehemalige Wirtschaftsorganisation des früheren Ostblocks
b) die Organisation Erdöl exportierender Länder
c) die Europäische Organisation für Freihandel
d) die Organisation der Weltbank zum Aufbau von Entwicklungsgebieten
Lösung: ▓

2. Wie wird der Begriff „Innovation" definiert?
a) Entwicklung neuer Produkte
b) Entwicklung neuer Produktionsverfahren
c) Entwicklung neuer Organisationsverfahren
d) alle genannten Punkte zusammen
Lösung: ▓

3. Was versteht man unter dem Begriff „Datenautobahn"?
a) Vernetzung mehrerer PCs in verschiedenen Filialen einer Unternehmung
b) kombiniertes Telefon- und ISDN-Netz
c) elektronisch überwachte und gesteuerte Autobahn
d) computergestütztes Informationsnetz in einem Unternehmen
e) weltweites Computernetzwerk zur Informationsbeschaffung und zum Informationsaustausch
Lösung: ▓

4. Was versteht man unter einer „Urabstimmung"?
a) Wahl der Gewerkschaftsführer
b) Abstimmung der Gewerkschaftsmitglieder über Beginn oder Ende eines Streiks
c) Wahl der Sozialversicherungsvertreter
d) Abstimmung der Aktionäre über die Entlassung eines Mitglieds des Aufsichtsrates
Lösung: ▓

5. Deutschland riskiert, durch gesetzliche Einschränkungen den internationalen Anschluss in der Entwicklung einer sehr zukunftsträchtigen Technologie zu verpassen. Um welche Technologie handelt es sich?

a) Mikrochiptechnologie   d) Gentechnologie

b) Lasertechnologie   e) CNC-Technologie

c) Computertechnologie

Lösung:

6. Was ist eine Emission?

a) Schadstoffausstoß eines Unternehmens

b) Ausgabe von Wertpapieren, ihre Unterbringung bei den Kapitalgebern und die Einführung an der Börse

c) alle Ausgaben eines Unternehmens

Lösung:

7. Was bedeutet „Outsourcing"?

a) Informationsbeschaffung außerhalb eines Unternehmens

b) Übernahme einer Unternehmung durch die Mitarbeiter

c) teilweise Fertigung durch Subunternehmungen

d) neues Produktionssystem in der Industrie

e) Errichtung von Produktionsstätten im Ausland

Lösung:

8. Was sind „Subventionen"?

a) indirekte Steuern

b) staatliche Zahlungen an Unternehmungen und Landwirtschaft

c) Schutzzölle auf ausländische Waren

d) zusätzliche Steuern zum Aufbau der neuen Bundesländer

e) Gehälter der Abgeordneten des Bundestages und der Landtage

Lösung:

9. Welche Aussage zum Begriff „Inflation" ist falsch?

a) Sie liegt vor bei ständigen Preisniveausenkungen durch ein Überangebot an Waren.

b) Sie trifft besonders die Geringverdiener und Sparer.

c) Sie wird von der Deutschen Bundesbank bekämpft.

d) Sie ist ein Prozess ständiger Preissteigerungen und damit verbundenen Geldentwertung.

e) Sie wird u. a. gemessen durch den Preisindex für Lebenshaltungskosten.

Lösung: ▨

10. Welche Aussage trifft nicht auf ein Kartell zu?

a) Es ist eine Vereinbarung zwischen Unternehmungen zur Beschränkung des Wettbewerbs.

b) Das Bundeskartellamt hat schon verschiedene Firmen wegen Verstoßes gegen das Kartellgesetz verklagt.

c) Kartelle können durch Preisabsprachen u. a. dem Staat großen Schaden zufügen.

d) Kartelle werden neuerdings erlaubt, um Arbeitsplätze zu sichern.

e) Kartelle können durch Aufteilen des Marktes den Wettbewerb ausschalten und so überhöhte Preise durchsetzen.

Lösung: ▨

11. Welche der folgenden Aussagen über Produktivität ist falsch?

a) Durch die hohen Lohn- und Lohnnebenkosten muss die Produktivität in vielen Betrieben in Deutschland erhöht werden, damit die Betriebe langfristig wettbewerbsfähig bleiben.

b) In Deutschland gibt es die höchste Produktivität der Welt.

c) Durch Einsatz von modernen Fertigungstechniken wird die Produktivität normalerweise erhöht.

d) Es wird versucht die Produktivität durch flexiblere Arbeitszeiten zu erhöhen.

e) Der Einsatz von computergesteuerten Maschinen erhöht die Produktivität, setzt aber gleichfalls Arbeitskräfte frei.

Lösung: ▨

12. Welche Aussage ist falsch?

a) Der „DAX" ist der Durchschnittskurs der 30 größten deutschen Unternehmungen.

b) Im „EURO-Stoxx" sind die Kurse der wichtigsten Unternehmungen der EU-Länder vertreten.

c) Am „Grauen Markt" werden Aktien von Unternehmungen gehandelt, die nicht an der Börse sind.

d) „M-DAX" ist der Durchschnittskurs der 50 im DAX befindlichen Aktien an der Börse in München.

e) Mit „Aktien-Fonds" können dem Anleger auch Verluste entstehen.

Lösung:

13. Der Kurs des US-Dollars fällt gegenüber dem EURO. Was geschieht?

a) Deutsche Waren werden im Ausland billiger.

b) Der Import von Erdöl wird teurer.

c) Erschwerung des Exportes, da die deutschen Waren im Ausland teurer werden.

d) Der Urlaub in USA wird für Deutsche teurer.

e) Dies hat keine Auswirkungen, weil der EURO in das Europäische Währungssystem (EWS) eingebunden ist.

Lösung:

14. Unter „Preisindex" versteht man

a) den Preis einer bestimmten Gütermenge im Vergleich zu dem des Vormonats oder Vorjahres

b) die Kaufkraft des EURO

c) die Inflationsrate des EURO

d) die Kaufkraft des EURO in Bezug auf den Dollar

e) einen Preisvergleich der Stiftung Warentest

Lösung:

15. Was ist wirtschaftspolitisch unter einem „Warenkorb" zu verstehen?

a) die Menge von Waren, die sich ein Arbeitnehmer von seinem Lohn kaufen kann

b) das durchschnittliche Sortiment eines Kaufhauses

c) die Waren, die ein Durchschnittsbürger mindestens benötigt und nach denen sich der Sozialhilfesatz berechnet

d) die Menge von Waren und Dienstleistungen, die eine Durchschnittsfamilie benötigt und die als Grundlage der Berechnung des Preisindex für Lebenshaltungskosten dient

Lösung:

16. Welcher Satz beschreibt den Begriff „Tarifautonomie" richtig?

a) Die Arbeitnehmer in leitender Position müssen ihre Gehälter autonom mit ihrem Arbeitgeber aushandeln.

b) Die Tarifparteien handeln einen neuen Tarifvertrag ohne staatliche Eingriffe aus.

c) Die Gewerkschaften führen Tarifverhandlungen mit den jeweils zuständigen Kammern.

d) Der Bundesminister für Arbeit und Sozialordnung muss Streiks und Aussperrungen genehmigen.

e) Die zuständige Gewerkschaft handelt mit dem Betriebsrat einen neuen Tarifvertrag aus.

Lösung:

17. Welche Institution ist kein Träger der Sozialversicherung?

a) die Landesversicherungsanstalten

b) die Bundesanstalt für Arbeit

c) die Berufsgenossenschaften

d) das Sozialamt

e) die Bundesversicherungsanstalt für Angestellte

Lösung:

18. Welche Gewerkschaft gehört nicht dem DGB an?

a) DAG

b) IG Metall

c) IG Medien

d) GEW

Lösung:

19. Was versteht man unter dem „Generationenvertrag"?

a) Lehrmittel- und Schulgeldfreiheit

b) Lagerung von Brennstäben zur Entsorgung durch die nächsten Generationen

c) Umweltschutzmaßnahmen, um ein Leben auch für spätere Generationen zu ermöglichen

d) das System der Pflegeversicherung: die junge Generation pflegt die alte

e) das System der gesetzlichen Rentenversicherung

Lösung:

20. Welche Aussage zur Stiftung Warentest ist falsch?
a) Sie ist eine unabhängige Stiftung.
b) Sie testet und vergleicht Waren und Dienstleistungen.
c) Sie gibt die Zeitschrift „Test" heraus, in der keine Anzeigen sind.
d) Die Veröffentlichungen ihrer Testergebnisse werden von den Firmen gesponsert.
e) Sie veröffentlicht pro Jahr ein Testjahrbuch.
Lösung:

Unternehmungsformen und -zusammenschlüsse

 **Expertentipp:**
Sie sollten auf jeden Fall die Unternehmungsform der Firma kennen, bei der Sie sich gerade beworben haben und von der Sie zum Test oder zum Vorstellungsgespräch eingeladen wurden.

1. Was ist ein Konzern?
a) ein großer Betrieb mit über 30 000 Mitarbeitern
b) ein Zusammenschluss von mehreren Unternehmungen unter einheitlicher Leitung
c) eine verbotene Preisabsprache mehrerer Konkurrenzunternehmen untereinander
d) ein Zusammenschluss mehrerer Unternehmen zur Abwicklung eines Großauftrages
e) eine große Aktiengesellschaft
Lösung:

2. Welche Unternehmungsform ist in Deutschland am häufigsten?
a) AG   b) GmbH   c) KG   d) Einzelunternehmung   e) Genossenschaft
Lösung:

3. Wer leitet eine AG?
a) die Aktionäre   d) der Aufsichtsrat
b) der Vorstand   e) ein Prokurist
c) die Hauptversammlung
Lösung:

4. Welche der nachfolgenden Aussagen ist falsch?
a) Die Dividende einer Aktie wird an der Börse ermittelt.
b) Die Dividende ist der Gewinnanteil, der pro Aktie ausgeschüttet wird.
c) Der Kurswert einer Aktie wird an der Börse nach Angebot und Nachfrage ermittelt.
d) Der Nennwert von deutschen Aktien ist überwiegend 50 DM, er kann aber auch 5 DM betragen.
e) Eine Aktie ist ein Eigentumsanteil an einer AG.
Lösung:

5. Welche der folgenden Aussagen ist nicht richtig?
a) Die Aktionäre einer AG wählen in der Hauptversammlung ihre Aufsichtsratsmitglieder.
b) Der Aufsichtsrat einer AG überwacht, wählt und entlässt die Vorstandsmitglieder.
c) Eine KG besteht aus Voll- und Teilhaftern.
d) Eine OHG kann nur bei Handelsbetrieben vorkommen.
e) Eine GmbH kann auch aus nur einem Gesellschafter bestehen.
Lösung:

Geld – Banken – Zahlungsverkehr

Expertentipp:
Ihre Kenntnisse auf diesem Gebiet sind besonders wichtig für Tests bei Kreditinstituten, aber auch bei Industrie- und Handelsbetrieben, Versicherungen und bestimmten Behörden.

1. Was versteht man unter POS-System?
a) Zahlung mit Kreditkarte
b) Zahlung mit Eurocard und Einzugsermächtigung durch Unterschrift
c) Zahlung mit Chip auf Eurocard
d) Online-Zahlung mit EC-Karte
Lösung:

2. Wie heißt der moderne Computerhandel an der Frankfurter Wertpapierbörse?

a) EURO-Stoxx   c) Xetra

b) Neuer Markt   d) Parkett-Handel

Lösung:

3. Was ist ein Fonds?

a) ein Sparbrief, gedeckt durch die Goldbestände des Bundes

b) ein Spekulationspapier über einen Anteil bei der Suche nach Erdgas

c) eine Aktie, die der Bund herausgibt

d) ein festverzinsliches Wertpapier des Bundes

e) ein Gesamtvermögen, aus dem Wertpapiere und Immobilienanteile ge- und verkauft werden, um damit Wertsteigerungen zu erzielen

Lösung:

4. An einem Bankschalter werden von einem Kunden „Sorten" nachgefragt. Der Kunde will

a) eine besondere Sorte von Goldmünzen

b) eine besondere Art von Aktien

c) ausländisches Geld

d) festverzinsliche Wertpapiere

e) Investmentzertifikate

Lösung:

5. Was ist der „Neue Markt"?

a) Absatzmöglichkeiten im Osten   c) Investmentfondshandel

b) Börsensegment für Technologie- und Wachstumswerte   d) Optionsscheinhandel

Lösung:

6. Was ist eine Hypothek?

a) eine schwere Belastung der deutschen Wirtschaft durch den Kursanstieg des Dollars

b) ein Darlehen, das gesichert ist durch eine Eintragung im Grundbuch

c) ein Darlehen für einen PKW, das gesichert ist durch Einbehaltung des Kfz-Briefes
d) ein Dispositionskredit
e) ein Kredit der Deutschen Bundesbank an die Geschäftsbanken
Lösung:

7. Wie heißt ein nicht ausgefüllter, aber unterschriebener Scheck?
a) Travellerscheck   d) ungedeckter Scheck
b) Verrechnungsscheck   e) Blankoscheck
Lösung:

8. Die oberste Aufgabe der Deutschen Bundesbank war bis zum 31.12.1998 die Erhaltung der Stabilität der DM. Welche der nachfolgenden Aussagen hierzu ist richtig?
a) Die Deutsche Bundesbank ist seit 01.01.1999 abgeschafft. Diese Aufgabe übernimmt die Europäische Zentralbank in Maastricht.
b) Die Preisstabilität des EURO soll vom Europäischen Zentralbank-Rat mit Sitz in Frankfurt/M. garantiert werden.
c) Auf Druck von Frankreich wurde diese währungspolitische Funktion zugunsten der Bekämpfung der Arbeitslosigkeit in der EU abgeschafft.
d) Es gelten seit 01.01.1999 für die Währungspolitik allein die Maastrichter Konvergenzkriterien.
Lösung:

9. Welche der nachfolgenden Aussagen über die EZB (Europäische Zentralbank) ist richtig?
a) Die EZB regelt lediglich die Abwicklung des Zahlungsverkehrs.
b) Die EZB bestimmt neben dem Wechselkursen auch die Diskontsätze zur Erhaltung der Stabilität des EURO.
c) Die EZB will mit Offenmarktgeschäften, Fazilitäten und Mindestreservepolitik das Zinsniveau beeinflussen und damit die Stabilität des EURO sichern, aber auch Konjunkturpolitik betreiben.
d) Die EZB achtet bei der Abwicklung des Zahlungsverkehrs in der EU auf die unbedingte Einhaltung der Maastrichter Konvergenzkriterien.
Lösung:

10. Mit „Wechsel" bezeichnet man
   a) die Übernahme eines Unternehmungszweiges oder einer gesamten Unternehmung durch eine andere Unternehmung
   b) die Übertragung einer Aktienmehrheit
   c) eine besonders gesicherte Zahlungsverpflichtung eines Schuldners
   d) den Übergang von einer Hochkonjunktur in eine Rezession
   e) den Umtausch verschiedener Währungen
   Lösung:

11. Was ist der „Dow-Jones-Index"?
   a) die weltweite Messzahl für die Inflationsraten der einzelnen Länder
   b) die Messzahl des Bruttosozialprodukts der einzelnen Länder, nach denen diese eingeteilt werden in reiche Länder, Entwicklungsländer und Schwellenländer
   c) die Aktienmesszahl der New Yorker Wertpapierbörse
   d) die Aktienmesszahl der Tokioer Börse
   e) die Messzahl über die Entwicklung des Dollarkurses an der Wall Street
   Lösung:

12. Was ist ein „Broker"?
   a) ein Wertpapierhändler   c) ein Immobilienmakler
   b) ein Schiffsmakler   d) ein Unternehmensberater
   Lösung:

Wer war denn das?
Bedeutende Persönlichkeiten und ihre Lebenswerke

In den nachfolgenden Fragen geht es um Personen, nach denen oftmals in Tests gefragt wird. Arbeiten Sie diese Fragen auf jeden Fall durch. Mit einem bisschen Glück stoßen Sie im Test auf die eine oder andere Persönlichkeit aus unserer Auswahl. Natürlich gibt es sehr viel mehr bedeutende Personen, nach denen man Sie fragen könnte.

Expertentipp:

Wenn Sie eine Person nicht kennen oder sich nicht ganz sicher sind, dann gehen Sie wie folgt vor: Versuchen Sie möglichst die Antworten auszuschließen, die eindeutig falsch sind. So wird die Zahl der infrage kommenden Antworten immer kleiner. Dann raten Sie die Lösung. Es ist klar, dass die Trefferwahrscheinlichkeit bei einer Auswahl aus zwei Antworten natürlich größer ist als bei fünf. Kreuzen Sie in jedem Fall eine Lösung an, auch wenn Sie nicht sicher wissen, welche die richtige ist.

Ran an die Übungsaufgaben!

Tragen Sie bitte wieder den richtigen Lösungsbuchstaben in das jeweilige Lösungsfeld ein und informieren Sie sich näher über diejenigen Persönlichkeiten, deren Name Ihnen nichts oder wenig sagt.

1. Albrecht Dürer war
a) Dichter   b) Arzt   c) Maler   d) Chemiker   e) Physiker
Lösung:

2. Wer wird als der „Walzerkönig" bezeichnet?
a) Robert Schumann   d) Johann Strauß
b) Franz Liszt   e) Richard Wagner
c) Wolfgang Amadeus Mozart
Lösung:

3. Was verbinden Sie mit Alfred Nobel?
a) die Relativitätstheorie
b) einen Preisstifter
c) den ersten Mann auf dem Mond
d) einen schwedischen Politiker
e) einen bekannten Zukunftsforscher
Lösung:

4. Wer erfand das Telefon?
a) Albert Einstein   d) Georg Simon Ohm
b) Gottlieb Daimler   e) Philipp Reis
c) James Watt
Lösung:

5. Konrad Lorenz war
a) Pädagoge   d) Verhaltensforscher
b) Jurist   e) Schriftsteller
c) Politiker
Lösung:

6. Was erfand James Watt?
a) die Glühbirne   d) das Röntgengerät
b) den Strom   e) den Elektromotor
c) die Dampfmaschine
Lösung:

7. Die Geschwister Scholl waren
a) die Begründer der Sozialversicherung in Deutschland
b) die Gründer der Partei „Die Grünen"
c) Widerstandskämpfer im Dritten Reich
d) die Erfinder des Duetts
e) die Begründer der antiautoritären Erziehung
Lösung:

8. Ernst Heinkel erfand
a) die Laserstrahlen
b) den Computer
c) die erste Rechenmaschine
d) das Turbostrahltriebwerk von Flugzeugen
e) die Atomspaltung
Lösung:

9. Wer war Ferdinand Lassalle?
  a) der Führer der Französischen Revolution
  b) ein bekannter Seefahrer und Entdecker
  c) der Gründer des Deutschen Arbeitervereins
  d) der Gründer der Sozialdemokratischen Partei Deutschlands
  e) ein französischer Spitzenkoch und der Erfinder der Lasagne
  Lösung:

10. Vasco da Gama entdeckte
  a) Amerika   d) China
  b) den Seeweg nach Indien e) Kuba
  c) Alaska
  Lösung:

11. Wer war Leonardo da Vinci?
  a) der Entdecker des Fallschirms
  b) ein großer italienischer Musiker und Komponist
  c) als venezianischer Seefahrer der Entdecker von Indien
  d) der Architekt von Venedig
  e) der Komponist von „Eine kleine Nachtmusik"
  Lösung:

12. Konrad Zuse gilt als der Erfinder
  a) des Wankelmotors   d) des Fernsehers
  b) des Einspritzmotors   e) des Computers
  c) der Schreibmaschine
  Lösung:

13. Johannes Kepler ist der Entdecker
  a) der Photosynthese   d) der Röntgenstrahlung
  b) der Planetengesetze   e) des Ozonlochs
  c) der Raketentechnik
  Lösung:

14. Heinrich Böll schrieb
   a) Die Blechtrommel
   b) Die Leiden des jungen Werther
   c) Bekenntnisse des Hochstaplers Felix Krull
   d) Die Feuerzangenbowle
   e) Ansichten eines Clowns
   Lösung:

15. Carl Orff war
   a) Physiker   d) Komponist
   b) Politiker   e) Schriftsteller
   c) Mathematiker
   Lösung:

16. Ernest Mandel
   a) war ein bedeutender Politikwissenschaftler und Schriftsteller
   b) war ein großer Chemiker und Erfinder
   c) ist ein bekannter Psychologe und Sachbuchautor
   d) ist ein bekannter Fernseh-, Film- und Literaturkritiker
   e) war Arzt, Ingenieur und Erfinder zahlreicher medizinischer Geräte
   Lösung:

17. Robert Koch entdeckte
   a) die Röntgenstrahlen   d) die Glühbirne
   b) den Tuberkelbazillus   e) das HIV-Virus
   c) das Dynamit
   Lösung:

18. Indira Gandhi war
   a) Sängerin   d) Philosophin
   b) Politikerin   e) Frauenrechtlerin
   c) Malerin
   Lösung:

19. Alexander Fleming war der Entdecker
   a) der Krebszellen
   b) der Buchdruckerkunst
   c) des Grammophons
   d) der Halbleitertechnik
   e) des Penizillins
   Lösung: ▨

20. Johannes Gutenberg erfand
   a) die Glühbirne
   b) das Impfserum
   c) die Lasertechnik
   d) die Buchdruckerkunst
   e) die deutschen Schriftzeichen
   Lösung: ▨

21. Theodor Heuss war
   a) der Erfinder der Lasertechnik
   b) der Erfinder des Viertaktmotors
   c) der erste Bundeskanzler der Bundesrepublik Deutschland
   d) der erste Bundespräsident der Bundesrepublik Deutschland
   e) der Erfinder der sozialen Marktwirtschaft
   Lösung: ▨

22. Friedrich Engels war
   a) der Entdecker der engelschen Relativitätstheorie
   b) der Autor der „Dreigroschenoper"
   c) der erste deutsche Friedensnobelpreisträger
   d) Widerstandskämpfer im Dritten Reich
   e) ein Wegbereiter des Kommunismus
   Lösung: ▨

23. Willy Brandt war
   a) der Gründer der SPD und Bundeskanzler
   b) Bundeswirtschafts- und Außenminister
   c) Bundeskanzler und Außenminister
   d) Bundespräsident und Nobelpreisträger
   e) FDP-Vorsitzender und Bundeskanzler
   Lösung: ▨

24. Michail Gorbatschow
   a) ist der derzeitige Präsident der UdSSR
   b) hat als Präsident die Abschaffung aller russischen Atomwaffen verfügt
   c) trat mit Russland in die NATO ein
   d) ließ als Präsident Russlands die Wiedervereinigung Deutschlands zu
   e) löste den Warschauer Pakt auf
   Lösung: ▨

25. Vladimir Putin
   a) stürzte Michail Gorbatschow mit einem Militärputsch
   b) war der Präsident der UdSSR, der die deutsche Wiedervereinigung zuließ
   c) ist der Präsident der Ukraine
   d) ist der Nachfolger von Jelzin als russischer Präsident
   e) führte als Verteidigungsminister die russischen Truppen im Krieg gegen Tschetschenien
   Lösung: ▨

Museen, Gemälde, Kirchen und Co.: Kultur

Keiner erwartet von Ihnen umfassende Kenntnisse auf diesem Wissensgebiet. Selbst Spezialisten können dies nicht leisten. Warum stellt man Ihnen dann Fragen zur Kultur? Man möchte erfahren, ob Sie nicht mit Scheuklappen durch die Welt gehen und aufgeschlossen sind für Dinge, die um Sie herum vorgehen. Auch für Betriebe ist diese Eigenschaft bei Mitarbeitern wichtig.

Expertentipp:
Achten Sie besonders in der Zeit Ihrer Bewerbungsphase auf markante kulturelle Ereignisse. Nicht selten werden auch Fragen hierzu gestellt.

Das Üben mit Bauklötzen bringt hier wenig:
Der Wissensbereich Baukunst

Ran an die Übungsaufgaben!
Tragen Sie bitte wieder den richtigen Lösungsbuchstaben ein. Wenn Sie feststellen, dass Sie in bestimmten Bereichen Lücken haben, versuchen Sie diese zu schließen, so gut es geht, zum Beispiel mithilfe der entsprechenden Artikel im Lexikon.

1. Wo befindet sich das Kunstmuseum „Eremitage"?
a) Moskau   b) Florenz   c) Madrid   d) Leningrad
Lösung:

2. Wer baute Schloss Versailles bei Paris?
a) Ludwig XIV.   c) Robespierre
b) Napoleon Bonaparte   d) Karl der Große
Lösung:

3. Welche italienische Stadt wurde teilweise auf Pfählen gebaut?
a) Neapel   b) Livorno   c) Pompeji   d) Venedig
Lösung:

4. In welchem Land steht das berühmte Grabmal „Tadsch Mahal"?
a) China   b) Thailand   c) Indien   d) Taiwan
Lösung:

5. Wie heißen die Grabmäler altägyptischer Könige?
a) Sphinx   b) Sarkophag   c) Pyramide   d) Tempel
Lösung:

6. Islamische Gotteshäuser heißen
a) Minarette   b) Moscheen   c) Tempel   d) Pagoden
Lösung:

7. Welcher Baustil ist gekennzeichnet durch viele Ornamente und üppige Figuren?
a) Klassizismus   b) Romanik   c) Gotik   d) Barock
Lösung:

8. Welches Schloss wurde nicht von König Ludwig II. gebaut?
a) Linderhof   b) Neuschwanstein   c) Herrenchiemsee   d) Sanssouci
Lösung:

9. Welches historische Gebäude in Berlin verhüllte der Künstler Christo 1995?
a) die Gedächtniskirche   c) das Schöneberger Rathaus
b) den Reichstag   d) das Pergamon-Museum
Lösung:

10. Londons Wahrzeichen „Big Ben" ist ein
a) Kirchturm   c) Glockenturm des Parlaments
b) Teil des Tower   d) Aussichtsturm
Lösung:

11. Die Chinesische Mauer ist
a) eine Stadtmauer
b) eine Begrenzung des Königspalastes
c) eine Grenzbefestigung
d) ein Symbol für Abgrenzung gegenüber dem Westen
Lösung:

Maler Klecksel hätte es hier schwer:
Der Wissensbereich Malerei und bildende Künste

12. Der bekannteste Vertreter der surrealistischen Malerei ist
a) Vincent van Gogh   c) Claude Monet
b) Frans Hals   d) Salvadore Dali
Lösung:

13. Welcher Künstler gehört nicht zu den französischen Impressionisten?

a) Claude Monet
c) Edgar Degas
b) Auguste Renoir
d) Pablo Picasso

Lösung:

14. Wo war die „Künstlerkolonie", in der die deutsche Malerin Paula Modersohn-Becker lebte und arbeitete?

a) in Worpswede
c) in Oberammergau
b) in Murnau
d) in Niebüll

Lösung:

15. Der bedeutendste Landschaftsmaler der deutschen Romantik war

a) Paul Klee
c) Albrecht Dürer
b) Caspar David Friedrich
d) Franz von Lenbach

Lösung:

16. Der österreichische Künstler Friedensreich Hundertwasser wurde nicht nur durch seine Malerei berühmt. Er schuf auch:

a) Häuser b) Gärten c) Plastiken d) Kompositionen

Lösung:

17. Der bekannte deutsche Zeichner Horst Jansen lebte und arbeitete in

a) Bremen b) Hamburg c) Emden d) Kiel

Lösung:

18. Die „documenta", eine bedeutende Ausstellung für moderne Kunst, findet statt in

a) Köln b) Kassel c) New York d) Paris

Lösung:

19. Das Guggenheim-Museum in New York zeigt vor allem

a) Moderne Kunst
c) Kunst der Azteken
b) Alte Meister
d) Ägyptische Sammlungen

Lösung:

20. Roy Lichtenstein ist ein Hauptvertreter der „Pop-Art". Seine Motive stammen
a) aus Comic und Werbung   c) von Menschen und Gesichtern
b) aus der Natur   d) von abstrakten Formen
Lösung:

21. Dieser Pop-Art-Künstler machte Colaflaschen, Konservendosen und Filmstarfotos zu Kunstwerken
a) Joan Miro   b) Edgar Degas   c) Andy Warhol   d) Joseph Beuys
Lösung:

22. Bilder der orthodoxen Christen nennt man
a) Ikonen   b) Gobelins   c) Medaillons   d) Mosaiken
Lösung:

23. Ein dreiteiliges christliches Altarbild bezeichnet man als
a) Allegorie   b) Triptychon   c) Fresko   d) Pieta
Lösung:

24. Seit dem 14. Jahrhundert wurden in Europa Bildteppiche gewebt. Es handelt sich dabei um
a) Ikonen   b) Tempera   c) Gobelins   d) Skulpturen
Lösung:

25. Die Nationalsozialisten lehnten Moderne Kunst ab. Schöpfer so genannter „Entarteter Kunst" erhielten Malverbot. Wer gehörte nicht dazu?
a) Emil Nolde   b) Otto Dix   c) Max Ernst   d) Carl Spitzweg
Lösung:

Das Kennen der „Top Ten" reicht hier nicht aus:
Das Wissensgebiet Musik

26. In welcher deutschen Stadt trat die englische Popmusikgruppe
„Beatles" erstmalig auf?
a) in Berlin   b) in Hamburg   c) in Frankfurt/M.   d) in Stuttgart
Lösung:

27. Welcher amerikanische Jazzmusiker hatte den Spitznamen „Satchmo"?
a) Louis Armstrong   b) Dave Brubeck   c) Duke Ellington   d) Count Basie
Lösung:

28. Welche amerikanische Stadt gilt als „Wiege des Jazz"?
a) Nashville   b) New Orleans   c) Memphis   d) Tupelo
Lösung:

29. Welches der folgenden Musicals stammt nicht von
Andrew Lloyd Webber?
a) Cats   c) Starlight Express
b) Das Phantom der Oper   d) My fair Lady
Lösung:

30. Wie hieß der Sänger der englischen Popgruppe „Queen"?
a) Mick Jagger   c) John Lennon
b) Freddie Mercury   d) George Michael
Lösung:

31. Der Besitz von Elvis Presley wurde nach seinem Tod zum Museum.
„Graceland" steht in
a) Nashville   b) Hollywood   c) Memphis   d) Vicksburg
Lösung:

32. Welche Popgruppe aus der ehemaligen DDR setzte sich auch in
den alten Bundesländern durch?
a) Die Ärzte   b) Die Prinzen   c) Die Toten Hosen   d) Pur
Lösung:

33. Aus welchem Land stammte die Gruppe „Abba"?
a) Deutschland   b) Holland   c) Italien   d) Schweden
Lösung:

34. Eine der bedeutendsten Opernsängerinnen war Maria Callas. Sie war
a) Griechin   b) Italienerin   c) Russin   d) Amerikanerin
Lösung:

35. Die Abkürzung für das New Yorker Opernhaus lautet
a) Scala   b) Odeon   c) Carnegie Hall   d) Met
Lösung:

36. Die legendären „3 Tenöre" sangen u. a. zur Eröffnung der
Fußball-WM 1994 in Los Angeles zusammen. Wer gehörte nicht
dazu?
a) Pavarotti   b) Domingo   c) Carreras   d) Hoffmann
Lösung:

37. Von welchem Sportler wurde die „Carmina burana" von Carl Orff
als Erkennungsmelodie verwendet?
a) Michael Schumacher   b) Axel Schulz   c) Henry Maske   d) Mike Tyson
Lösung:

38. In welcher italienischen Stadt finden Opernfestspiele in einer
antiken Arena statt?
a) in Verona   b) in Neapel   c) in Rom   d) in Ravenna
Lösung:

39. Tschaikowsky schuf unter anderem Ballettmusiken. Welches deutsche
Märchen hat eine davon zum Thema?
a) Aschenputtel   c) Hänsel und Gretel
b) Dornröschen   d) Schneewittchen
Lösung:

40. Mozarts wohl populärstes Orchesterstück hat den Namen
a) Ungarische Tänze   c) Der Nussknacker
b) Die Moldau   d) Eine kleine Nachtmusik
Lösung:

41. Welcher deutsche Komponist schuf hauptsächlich Orgel-
und Kirchenmusik?
a) Mahler   b) Beethoven   c) Bach   d) Reger
Lösung:

42. Für die Werke welches Komponisten wurde das Bayreuther
Festspielhaus noch zu seinen Lebzeiten gebaut?
a) Haydn   b) Händel   c) Wagner   d) Brahms
Lösung:

43. Die Salzburger Festspiele und die Berliner Philharmoniker
sind verknüpft mit diesem Namen:
a) Leonard Bernstein   c) André Prévin
b) Herbert von Karajan   d) Kurt Masur
Lösung:

Für Cineasten der reinste Spaziergang: Das Wissensgebiet Film

44. Wie heißt der amerikanische Filmpreis, der jährlich für die besten
künstlerischen Einzelleistungen an Schauspieler, Regisseure u. a.
verliehen wird?
a) Bambi   b) Oscar   c) goldene Kamera   d) Grammy
Lösung:

45. Steven Spielberg ist Regisseur vieler Filme. Welcher gehört nicht dazu?
a) Jurassic Park   c) Zurück in die Zukunft
b) Indiana Jones   d) Casablanca
Lösung:

46. Wie heißt der Film von Alfred Hitchcock, bei dem ein Tier/mehrere Tiere eine Hauptrolle spielte/n?
a) Congo   b) King Kong   c) Die Vögel   d) Der weiße Hai
Lösung:

47. Tom Hanks ist „Der Amerikaner" im Kultfilm
a) Forrest Gump   b) Billy the Kid   c) Marathon Man   d) Tarzan
Lösung:

48. Mit welchem US-Schriftsteller war Marilyn Monroe verheiratet?
a) John Dos Passos   c) John Steinbeck
b) William Faulkner   d) Arthur Miller
Lösung:

49. Kevin Costner ist Schauspieler und Produzent. In welchem Film spielte er nicht mit?
a) Robin Hood   c) Water World
b) Der mit dem Wolf tanzt   d) Die drei Musketiere
Lösung:

50. Wer war der klassische Westernheld des amerikanischen Films?
a) John Wayne   c) Michael Douglas
b) Dean Martin   d) Sylvester Stallone
Lösung:

51. Welcher der folgenden Darsteller agierte nicht als „James Bond"?
a) Kirk Douglas   c) Timothy Dalton
b) Sean Connery   d) Roger Moore
Lösung:

52. Was hat der Film „Schindlers Liste" zum Thema?
a) Emigrantenschicksale
b) eine Schmuggler-Tragödie
c) die Judenverfolgung im Dritten Reich
d) die Vertreibung der Indianer Nordamerikas
Lösung:

53. „Der Name der Rose" ist eine erfolgreiche Literaturverfilmung.
Der Autor der Romanvorlage ist
a) Elias Canetti   c) Gabriel García Márquez
b) Umberto Eco   d) Alberto Moravia
Lösung: ▨

Mehr, als aus Goethes Feder floss: Das Wissensgebiet Literatur

54. Agatha Christie war eine Meisterin welchen Genres?
a) des Kriminalromans   c) der Tierfabel
b) des Kinderbuches   d) des Liebesromans
Lösung: ▨

55. Wie heißt der amerikanische Autor zahlreicher Horrorromane,
dessen Bücher erfolgreich verfilmt wurden und werden?
a) Alistair McLean   c) Stephen King
b) Frederick Forsyth   d) Desmond Bagley
Lösung: ▨

56. John Grisham schreibt Bestseller. Welches der folgenden Bücher ist
nicht von ihm?
a) Die Akte   b) Die Jury   c) Die Firma   d) Das Boot
Lösung: ▨

57. Marcel Reich-Ranicki wurde bekannt als
a) Schriftsteller   b) Literaturkritiker   c) Journalist   d) Verleger
Lösung: ▨

58. Der Autor des Romans „Die Buddenbrooks" ist
a) Martin Walser   b) Hermann Hesse   c) Thomas Mann   d) Franz Kafka
Lösung: ▨

59. „Die Leiden des jungen Werther" heißt ein frühes Werk des Dichters
a) Johann Wolfgang von Goethe   c) Stefan Zweig
b) Friedrich Schiller   d) Bertolt Brecht
Lösung: ▨

60. Welcher der folgenden deutschen Schriftsteller erhielt keinen Literaturnobelpreis?
a) Thomas Mann b) Hermann Hesse c) Günther Grass d) Heinrich Böll
Lösung: ▓

61. Erich Kästner schrieb u. a. humorvolle, spannende Kinderbücher. Welches Buch ist nicht von ihm?
a) Emil und die Detektive   c) Das fliegende Klassenzimmer
b) Das doppelte Lottchen   d) Pippi Langstrumpf
Lösung: ▓

62. Welcher amerikanische Schriftsteller schrieb größtenteils autobiografische Abenteuerromane?
a) Rudyard Kipling   c) Jack London
b) R. L. Stevenson   d) Norman Mailer
Lösung: ▓

63. Das Buch „Bonjour Tristesse" dieser französischen Schriftstellerin wurde ein Bestseller. Wie heißt sie?
a) Françoise Sagan   c) Daphne de Maurier
b) Simone de Beauvoir   d) Nathalie Sarraute
Lösung: ▓

Für viele ein Heimspiel: Das Wissensgebiet Sport

64. Wer war der erste Fußballtrainer der Nationalelf nach dem Zweiten Weltkrieg?
a) Helmut Schön b) Jupp Derwall c) Sepp Herberger d) Erich Ribbeck
Lösung: ▓

65. Welcher ehemalige deutsche Fußballspieler wird der „Kaiser" genannt?
a) Uli Hoeneß   c) Lothar Matthäus
b) Gerd Müller   d) Franz Beckenbauer
Lösung: ▓

66. Wo wird das olympische Feuer entzündet?
a) in Sizilien   c) in Griechenland
b) in der Türkei   d) in Italien
Lösung: ▓▓

67. In welchem Jahr fanden die Olympischen Spiele in München statt?
a) 1968   b) 1972   c) 1984   d) 1964
Lösung: ▓▓

68. Welcher Spieler löste in jungen Jahren in Deutschland
einen Tennis-Boom aus?
a) Boris Becker   b) Michael Stich   c) Marc Göllner   d) Stefan Edberg
Lösung: ▓▓

69. Wie heißt der Stadtteil Londons, in dem alljährlich eines der
bedeutendsten Tennisturniere ausgetragen wird?
a) Wembley   b) Wimbledon   c) Westham   d) Windsor
Lösung: ▓▓

70. Welche Sportart gehört nicht zum Triathlon?
a) Schwimmen   b) Laufen   c) Radfahren   d) Schießen
Lösung: ▓▓

71. Welchem/r deutschen Sportler/in wurde eine Olympiamedallie wegen
Dopings aberkannt?
a) Melanie Paschke   b) Alexander Leipold   c) Nicolas Kiefer
d) Heike Drechsler
Lösung: ▓▓

72. Für welches Team holte Formel-1-Pilot Michael Schumacher den
WM-Titel im Jahr 2000?
a) Ferrari   b) Sauber-Ford   c) Williams-Renault   d) Benetton-Renault
Lösung: ▓▓

Spezielle geistige Fähigkeiten

Unsere Wirtschaft ist einem ständig steigenden Wettbewerb ausgesetzt. Immer preiswerter anzubieten, bei hohem Lohnniveau und ausgesprochen hohen Lohnnebenkosten, ist problematisch. Daher ist die ständige Produktivitätssteigerung ein zentrales Ziel der Firmen. Der technische Fortschritt, der mit steigendem Tempo die Arbeitsbedingungen verändert, stellt an die Mitarbeiter von morgen immer höhere Anforderungen. Dies gilt natürlich auch für die Ausbildungsplatzbewerber. Sie sollen in der Lage sein, sich problemlos den sich immer schneller wandelnden Bedingungen und Anforderungen anzupassen. Sie sollen auch unter Stress konzentriert arbeiten können. Natürlich sollen sie belastbar und ausdauernd sein. Um mit der steigenden Informationsflut fertig zu werden, bedarf es einer besonderen Aufnahme- und Merkfähigkeit. Die zunehmenden technischen Anforderungen der modernen Maschinen erfordern ein gut entwickeltes und trainiertes logisches Denkvermögen und ein besonderes Vorstellungsvermögen. Aufgaben wie die folgenden sollen Aufschlüsse über Ihre speziellen geistigen Fähigkeiten auf diesem Gebiet geben.

Logisches Denken

„Alles logo" – ein Spruch, den Sie sicher schon gehört oder selbst schon gebraucht haben. Wirklich alles logo? Was ist eigentlich „logo"? „Logo" kommt vom griechischen Wort „Logik" und bedeutet, dass man die Fähigkeit besitzt, folgerichtig zu denken.

Dass Sie die Fähigkeit besitzen, logisch, also folgerichtig zu denken, ist natürlich für einen Ausbilder sehr wichtig: Niemand kann heutzutage alles wissen, aber gerade deshalb ist es wichtig, neuen Herausforderungen und Aufgaben mit Logik und Sachverstand zu begegnen. Es ist ein Irrtum zu glauben, dass bestimmte Aufgaben und Anforderungen nur für technische Berufe wichtig seien. Logisches Denken ist überall erforderlich und die Testaufgaben sind meist einfacher, als man denkt. Für viele von Ihnen ist diese Art von

Aufgaben vielleicht völlig neu. Aber ganz gleich, ob es sich um Figurenergänzungen, Dominosteine, Spiegelbilder oder scheinbar abstrakte technische Vorgänge handelt, den Aufgaben liegen immer allgemeine Grundsätze und Regelmäßigkeiten zugrunde. Diese gilt es zu erkennen und anzuwenden.

Expertentipp:
Mit dem Zufallsprinzip werden Sie es hier schwer haben, zu den richtigen Lösungen zu kommen. Erfolgreicher ist es, die Aufgaben zuerst genau durchzulesen und nach einer logischen Gemeinsamkeit zu suchen. Scheuen Sie sich dabei nicht, Ihren Gedankengängen durch Hilfszeichnungen und Skizzen auf einem separaten Blatt auf die Sprünge zu helfen.

Hürdenlauf für die grauen Zellen: Figuren ergänzen

Erklärung: Nachstehend sind logische Figurenfolgen vorgegeben, die jeweils aus drei Bildern bestehen. Gefragt wird nach der Figur, die die Folge logisch ergänzt. Nur einer der vier Lösungsvorschläge (a–d) stellt eine sinnvolle Ergänzung der Figurenreihe dar. Tragen Sie bitte dessen Buchstaben in das leere Kästchen ein. Sollte kein Vorschlag passen, ist ein e einzutragen.

Beispiel 1:

Der Buchstabe b ist einzutragen, da bei der richtigen Lösung ein schwarzes Dreieck dem Dreieck im dritten Kasten gegenüberliegen muss.

Beispiel 2:

Keiner der Lösungsvorschläge ist richtig. Die richtige Lösung wäre die nebenstehende Figur. Der richtige Buchstabe ist daher e.

Expertentipp:

Eine genaue Betrachtung der Bildelemente ist hier angesagt, um die Regel zu erkennen, die der Figurenreihe zugrunde liegt. Die üblichen Ansatzpunkte für eine Änderung innerhalb der Reihen sind vor allem die Anzahl und Anordnung der jeweiligen Bildelemente sowie die Farbgestaltung.

Ran an die Übungsaufgaben!

Schauen Sie sich die Aufgaben genau an und finden Sie die richtige Lösung heraus. Schreiben Sie den Lösungsbuchstaben dann in das freie Kästchen. Sehen Sie nicht zu schnell im Lösungsteil nach, sondern überlegen Sie lieber etwas länger bei den kniffligen Aufgaben.

Aufgabe 1:

Aufgabe 2:

2	8		2	10		2	12
5	4		6	5		7	6

a b c d

2	14		2	13		2	12		2	6
8	7		9	5		6	9		7	10

Aufgabe 3:

Aufgabe 4:

Aufgabe 5:

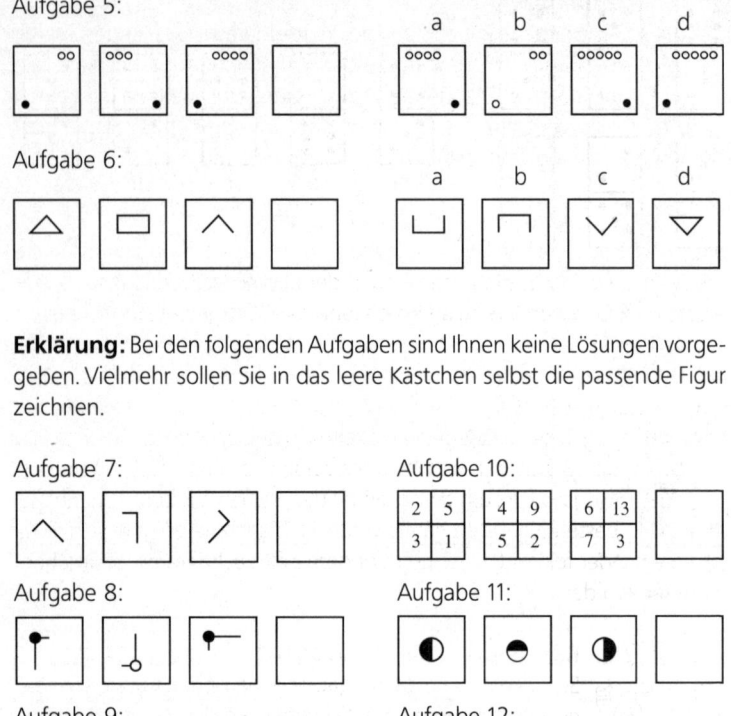

Aufgabe 6:

Aufgabe 7:

Aufgabe 10:

Aufgabe 8:

Aufgabe 11:

Aufgabe 9:

Aufgabe 12:

Erklärung: Bei den folgenden Aufgaben sind Ihnen keine Lösungen vorgegeben. Vielmehr sollen Sie in das leere Kästchen selbst die passende Figur zeichnen.

Wie ein Spiel aus Kindertagen: Dominosteine ergänzen

Erklärung: Die abgebildete Gruppe von Dominosteinen ist unvollständig, es fehlt der sechste Stein. Diesen sollen Sie aus einer Gruppe von 5 Dominos auswählen. Dabei soll dieser Stein den logischen Aufbau der ersten Gruppe fortführen. Tragen Sie bitte den richtigen Buchstaben in das leere Feld ein.

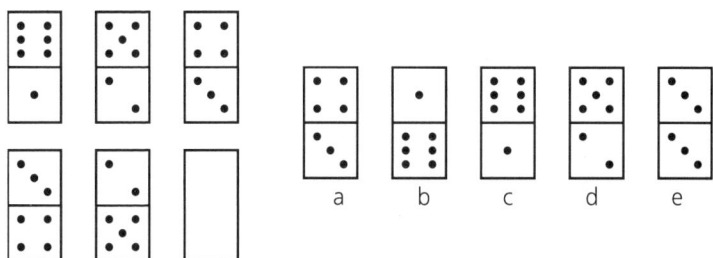

Der Dominostein b ist der richtige, da in der oberen Hälfte die Punkte sich jeweils um einen vermindern und in der unteren Hälfte jeweils um einen zunehmen.

Expertentipp:
Versuchen Sie Regelmäßigkeiten in beiden Punktereihen zu finden. Betrachten Sie hierzu die beiden Reihen zunächst getrennt. Möglich ist, dass zwischen beiden Reihen ein Zusammenhang besteht. Dieser ist häufig verdeckt. Manchmal zeigt er sich nicht bei aufeinander folgenden Steinen, sondern erst nachdem ein Stein übersprungen wurde.

Ran an die Übungsaufgaben!
Schauen Sie sich die Aufgaben genau an und finden Sie die richtige Lösung heraus. Schreiben Sie die Lösungsbuchstaben dann jeweils in die freien Dominosteine.

Aufgabe 1:

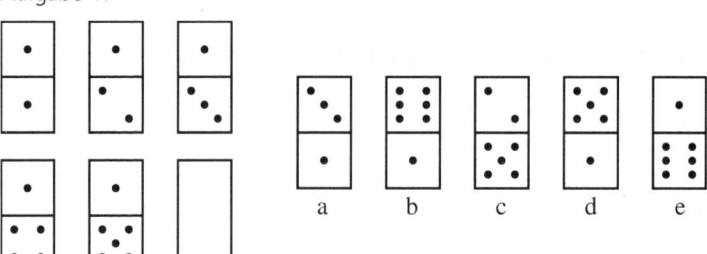

Aufgabe 2:

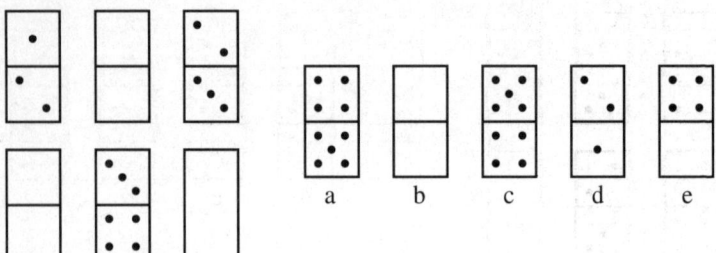

Aufgabe 3:

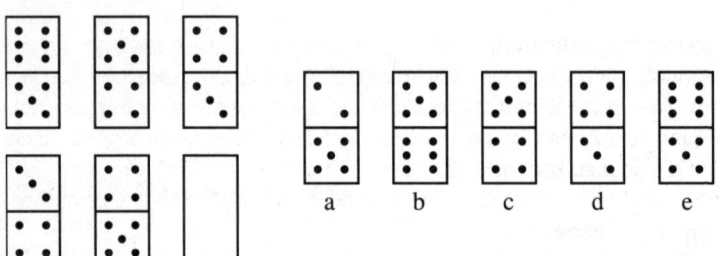

Aufgabe 4:

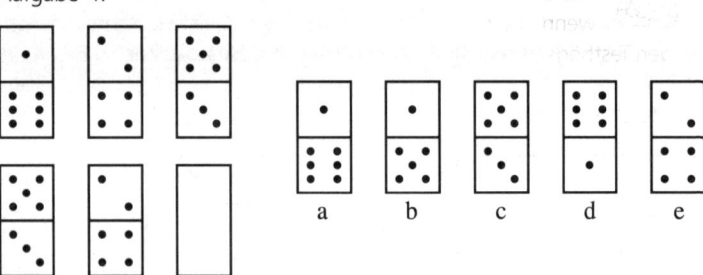

Aufgabe 5:

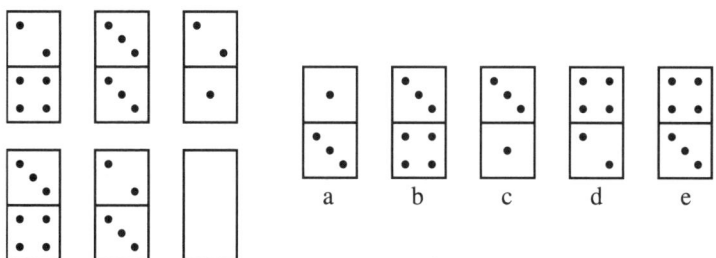

Die Tücken der Objekte: technische Vorgänge

Bei den folgenden Aufgaben ist gar nicht unbedingt ein technisches Verständnis gefragt, sondern vielmehr eine gute Beobachtungsgabe und die Fähigkeit, in aller Ruhe sich Dinge genau anzuschauen und unter Berücksichtigung der eigenen Erfahrungen aus der Praxis schnell der richtigen Lösung auf die Spur zu kommen.

Expertentipp:
Fragen Sie vor Beginn dieser Testreihe, ob Sie sich Notizen auf den Testbögen machen können. Manchmal lassen sich Dinge wie zum Beispiel die Drehrichtungen leicht veranschaulichen, wenn man mit einem Bleistift auf dem Konzeptpapier oder auch auf den Testbögen versucht der Lösung Schritt für Schritt nahe zu kommen.

1. Welcher der abgebildeten Körper kippt am schwersten um?

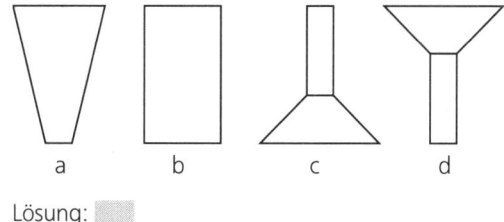

Lösung:

2. Welches Rad dreht sich am schnellsten, wenn der Antrieb über das graue Rad erfolgt?

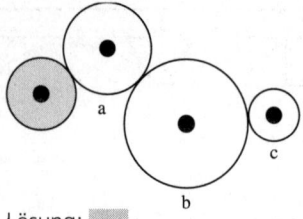

a) Rad a
b) Rad b
c) Rad c
d) alle drehen sich gleich schnell

Lösung: ▨

3. Im Garten soll Wasser aus einem Behälter in einen anderen umgefüllt werden. Bis zu welcher Höhe entleert sich der erste Behälter durch den Schlauch?

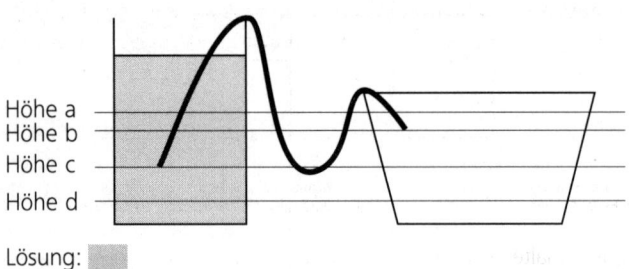

Höhe a
Höhe b
Höhe c
Höhe d

Lösung: ▨

4. Eine Erbse wird durch ein gebogenes Blasrohr nach oben geschossen. Wie steigt und fällt die Erbse?

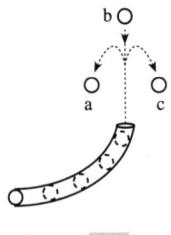

Lösung: ▨

5. Über einen Graben sollen Lasten gefahren werden. Welche Brücken-konstruktion ist am stabilsten?

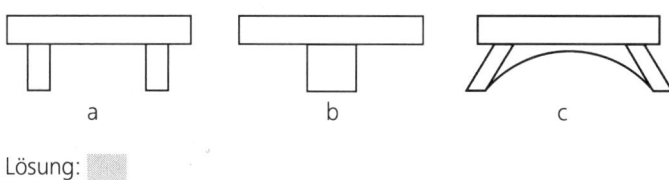

a b c

Lösung:

6. Wie verteilt sich das Wasser in den abgebildeten Behältern, wenn das Ventil geöffnet wird?

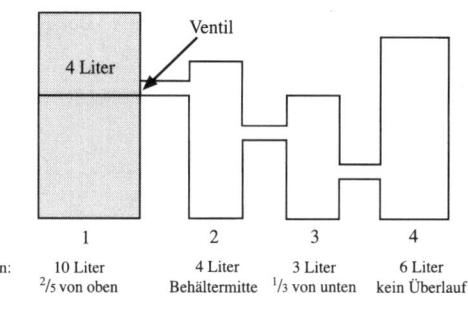

	1	2	3	4
Gesamtvolumen:	10 Liter	4 Liter	3 Liter	6 Liter
Überlaufhöhe:	$^2/_5$ von oben	Behältermitte	$^1/_3$ von unten	kein Überlauf

a) In Behälter 2: 2l; in 3: 2l; in 4: 1l
b) In Behälter 2: 1l; in 3: 1l; in 4: 2l
c) In Behälter 2: 2l; in 3: 1l; in 4: 1l
Lösung:

7. Mit welcher Meißelspitze kann man am besten ein Loch in eine Wand schlagen?

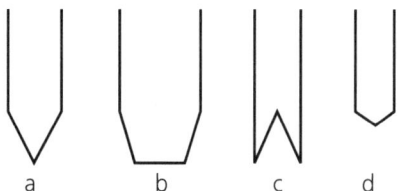

a b c d Lösung:

8. Entscheiden Sie, in welche Richtung sich das graue Rad drehen wird, wenn das Rad Nr. 1 sich im Uhrzeigersinn dreht.

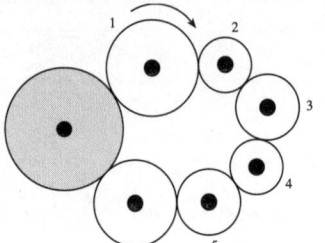

a) es dreht sich nach links
b) es dreht sich nach rechts
c) es dreht sich gar nicht, denn das System funktioniert nicht

Lösung: ▨

9. Aus welcher Öffnung fließt das Wasser mit dem größten Druck?

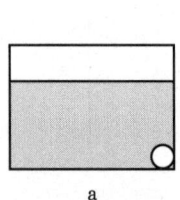  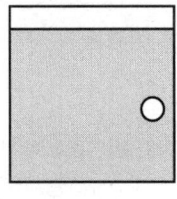 

a   b   c   d

a) aus Behälter a   d) aus Behälter d
b) aus Behälter b   e) aus Behälter b und c mit gleichem Druck
c) aus Behälter c   f) aus allen Behältern gleich

Lösung: ▨

10. Welches der folgenden Schiffe hat bei gleicher Ladung den größten Tiefgang?

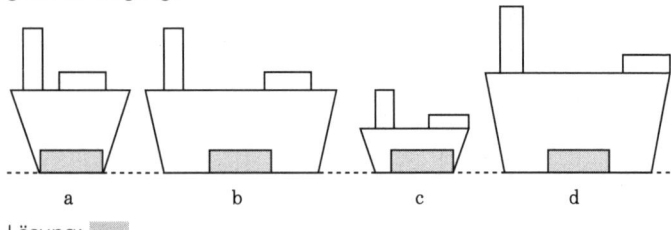

a   b   c   d

Lösung: ▨

11. Auf einer Wippe sitzen Kinder unterschiedlichen Alters. Wie müssen sie sich umsetzen und das Gewicht verlagern, damit die Wippe ins Gleichgewicht kommt?

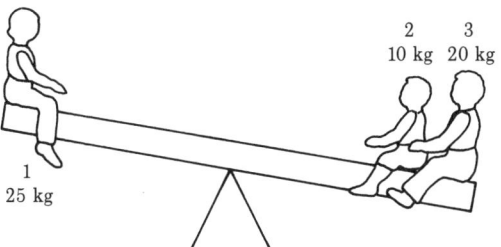

a) Kind 2 muss absteigen.
b) Kind 1 muss näher zur Mitte rücken.
c) Kind 2 muss sich direkt über den Drehpunkt setzen.
d) Kind 2 muss näher zur Mitte rücken.
Lösung:

12. Auf einer Schaukel sitzen zwei Kinder. Die Schaukelseile sind unterschiedlich lang. Welches Kind schaukelt am längsten, wenn beide Schaukeln in gleicher Höhe losgelassen werden und die Kinder gleich schwer sind?

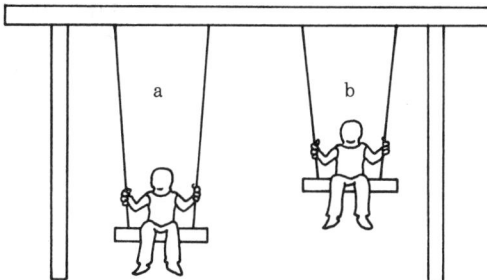

a) Schaukel a
b) Schaukel b
c) beide Schaukeln gleich
Lösung:

13. An eine Betonwand soll eine Wasserwaage angelegt werden. Wie bewegt sich die Luftblase in der Wasserwaage, wenn diese richtig auf die Mauer gelegt wird?

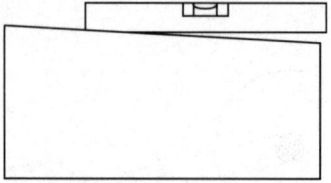

a) sie bleibt in der Mitte
b) sie bewegt sich nach links
c) sie bewegt sich nach rechts
d) das Wasser läuft aus
Lösung:

14. Auf einen Spiegel fällt Licht. In welche Richtung wird der Lichtstrahl reflektiert?

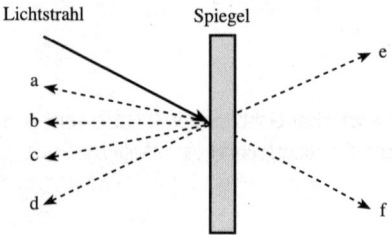

Lösung:

15. Ein Ruderer will mit seinem Boot links an einer Insel vorbeifahren. Wie muss er rudern?

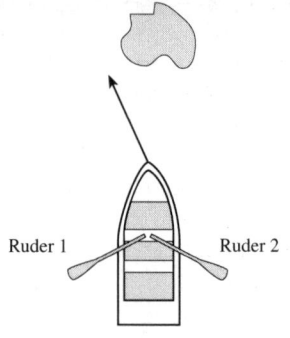

a) gleichmäßig rudern
b) erst stärker mit Ruder 2, nach halber Umrundung stärker mit Ruder 1
c) erst stärker mit Ruder 1, nach halber Umrundung stärker mit Ruder 2
d) erst mit Ruder 2 stärker, dann mit Ruder 1 schwächer
e) der Ruderantrieb spielt keine Rolle
Lösung:

16. Wie bewegt sich das graue Rad, wenn das Antriebsrad links unten im Uhrzeigersinn läuft?

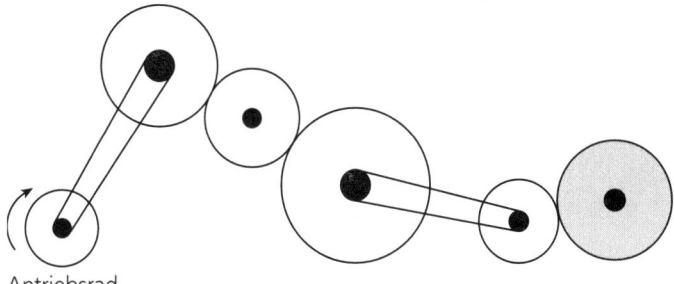

Antriebsrad

a) im Uhrzeigersinn
b) gegen den Uhrzeigersinn
c) gar nicht
Lösung:

17. In welche Richtung und mit welcher Geschwindigkeit bewegt sich das an einem Aufzug hängende Gewicht, wenn es befestigt ist wie in der Zeichnung?

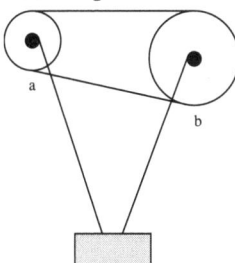

a) Wenn a das Antriebsrad ist und sich im Uhrzeigersinn bewegt, geht das Gewicht mit geringer Geschwindigkeit nach unten.
b) Wenn sich b als Antriebsrad im Uhrzeigersinn dreht, dreht sich das Rad a schneller und das Gewicht kommt schnell nach oben.
c) Dreht sich a als Antriebsrad entgegen dem Uhrzeigersinn, wird sich b langsamer, aber ebenfalls entgegen dem Uhrzeigersinn drehen und das Gewicht geht nach unten.
d) Das System funktioniert nicht, denn unabhängig von der Drehrichtung wickelt ein Rad immer ab und das andere gleichzeitig auf.
Lösung:

Spiegelung oder Drehung? Das ist hier die Frage! – Spiegelbilder finden

Erklärung: Die folgenden Figuren sind einander sehr ähnlich. Sie sind entstanden durch Drehung der Ausgangsfigur. Eine Figur in der Reihe bildet jedoch eine Ausnahme. Sie ergibt sich nicht durch Drehung, sondern durch Spiegelung. Diese Figur sollen Sie finden.

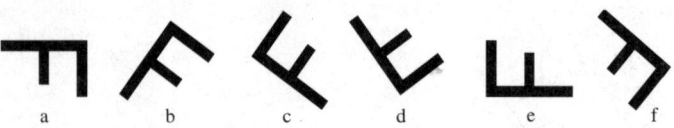

Nur die Figur d entsteht durch eine Spiegelung. Eine Drehung der Ausgangsfigur würde nicht zu dieser Figur führen.

Expertentipp:
Versuchen Sie zunächst die gespiegelte Figur beim ersten Durchsehen der Zeile zu finden. Gelingt dies nicht, gehen Sie von einer Grundposition der betreffenden Figur aus. Überlegen Sie, ob die anderen Figuren wirklich durch eine Drehung dieser Grundposition zustande kommen. Hilfreich dabei ist, sich an markanten Bildelementen wie beispielsweise Löchern, Ecken und Spitzen zu orientieren.

Ran an die Übungsaufgaben!
Schauen Sie sich die Aufgaben genau an und suchen Sie die richtigen Figuren heraus. Schreiben Sie die Lösungsbuchstaben dann wieder jeweils in die vorgesehenen Felder.

Aufgabe 1

    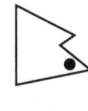 

a   b   c   d   e   f

Lösung:

Aufgabe 2

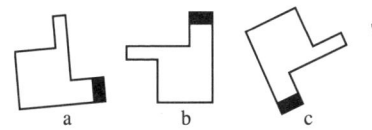 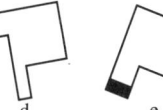 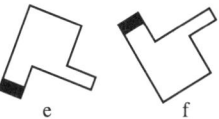

a   b   c   d   e   f

Lösung:

Aufgabe 3

 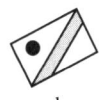 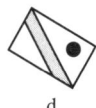 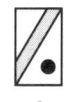 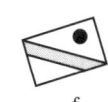

a   b   c   d   e   f

Lösung:

Aufgabe 4

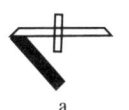     

a   b   c   d   e   f

Lösung:

Aufgabe 5

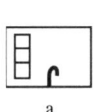   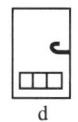  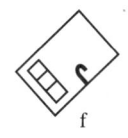

a   b   c   d   e   f

Lösung:

Aufgabe 6

a   b   c   d   e   f

Lösung:

Aufgabe 7

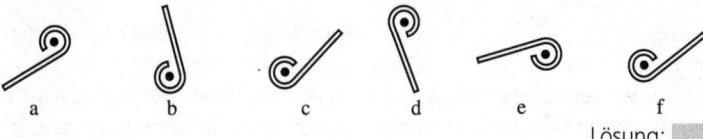

a   b   c   d   e   f

Lösung:

Aufgabe 8

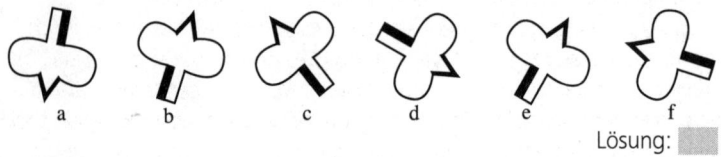

a   b   c   d   e   f

Lösung:

Aufgabe 9

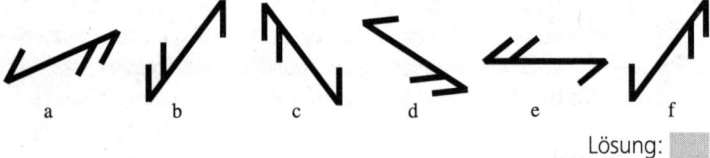

a   b   c   d   e   f

Lösung:

Aufgabe 10

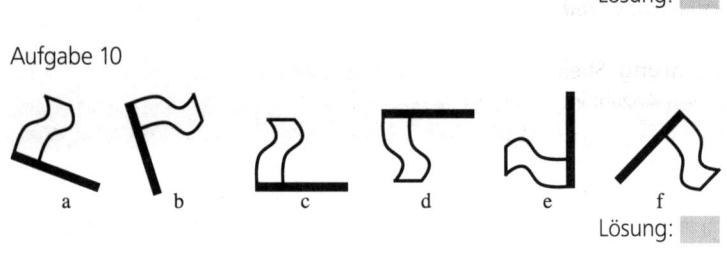

a   b   c   d   e   f

Lösung:

Belastbarkeit und Konzentrationsvermögen

Belastungstests – „Auch das noch" werden Sie denken. „Bei einem Einstellungstest ist man doch schon genug belastet. Und konzentrieren kann man sich wegen der Aufregung sowieso schlecht – und dann auch noch spezielle Belastungs- und Konzentrationstests?" Leider, sie werden Ihnen nicht erspart bleiben, denn nach zahlreichen Befragungen zeigte sich, dass immer mehr Betriebe Aufgaben dieser Art in ihren Tests einsetzen. Man will damit Ihre Ausdauer, Ihre Belastbarkeit und Ihr Konzentrationsvermögen testen.

Es gibt sehr viele verschiedene Tests, daher sollen hier nur die gebräuchlichsten vorgestellt werden. Nach dem Motto: „Learnig by doing" sollen Sie hier durch Übung solche Testaufgaben kennen und bewältigen lernen. Sie können nach der Vorlage der Beispielaufgaben selbst Aufgaben erstellen und dann versuchen diese innerhalb einer vorgegebenen Zeit zu bewältigen.

Ran an die verschiedenen Übungsaufgaben!
Lesen Sie sich die Aufgabenstellungen genau durch und versuchen Sie die Aufgaben in möglichst kurzer Zeit zu bewältigen. Stressen Sie sich ruhig ein wenig dabei, denn im Test stehen Sie bei diesen Aufgabentypen auch immer unter Zeitdruck.

Buchstabenreihen

Erklärung: Streichen Sie alle p mit zwei Strichen durch, und schreiben Sie deren Anzahl in das rechte Feld. Die Striche können beliebig angeordnet sein: p̅, p̿, p. Pro Zeile haben Sie 20 Sekunden, das heißt für alle elf Aufgaben zusammen knapp vier Minuten Zeit.

Ähnliche Aufgaben können auch mit anderen Buchstaben (häufig kommen auch m und n vor), mit Zahlen oder auch mit Zeichen gestellt werden.

1. p̱ d p̅ q̅ p̱ q p̅ p̱ d b̅ b̅ p̱ q̅ p p̅ g̅ d q p̱ q̅ p̅ p̅ p̅ q̅ q̱ p̱ d ḇ

2. q̅ p̱ q̅ p̅ d b b p̱ q p̱ p̱ ḇ p̱ q p̅ p̅ g ḏ g̅ q̅ q p̅ p̅ p̅ p̅ p̱ q̅

3. p̱ q q p̅ p̅ d p̅ b p̱ b p̱ p̅ q̅ p̱ q̅ q̅ p̱ ḇ q̅ p̅ p̅ b p q̅ p̅ d b p̱

4. p̱ q p̱ d p̅ p̱ d p̅ q̅ p̱ q̅ p̅ p̅ p̅ p̱ q̅ p̅ ḇ p̱ ḇ b̅ p̱ q d̅ p̅ d p̱ q̅

5. p̄ q̄ q̱ p̄ q̱ q p̄ p̱ p̄ q̄ q p q̱ p̄ p̄ q̄ q̱ p̱ b p̄ p̄ p̄ q̱ q̱ p q̱ q q̄ q̱ p̄

6. d p̄ p̱ d̄ p q p q p̄ p̄ p̄ p̱ q̄ q p̱ ḇ p b̄ b p̱ q̄ d p̱ d p̱ q̄ b p̄ p̄

7. ḇ p̄ q̱ q p̱ q q̄ p̄ q̱ q p̄ p̄ p̄ q̱ q̄ p q̄ p p̱ q̄ q̱ p b b̄ ḇ b̄ p̱ q̄ q̱

8. q̄ g b̄ d p q̱ p̄ q̄ p̄ p̄ q̄ ḇ d ḏ b d p̄ q̄ q p̄ d q̱ d b̄ p̄ q̱ g g̱ p

9. p̄ q̄ p̄ q̄ q̄ p̱ p̱ d p̱ b p̱ b p̄ p̄ q p̱ q̄ q̱ q̄ p̱ b q p̄ p̱ b d p̱ p̱ p̄

10. p̄ q̄ p̱ d p̄ p̄ p̱ ḏ p̄ q̱ p q̄ p̱ q p̄ p̄ ḏ ḇ ḇ p̱ q̱ p p̱ g̱ d̄ g̱ p g p̄ g̱ p̄ p̱

11. p̄ b p̄ q̱ p̱ p̄ g̱ d g̱ q̄ q p̄ p̄ p̱ p̄ p̱ p̱ p̱ p̱ q̱ q p̱ q p q p̄ p̱ q̱ q p̱ b ḏ

Rechen-Ketten

Erklärung: Rechnen Sie diese Aufgaben im Kopf. Pro Reihe haben Sie zwei Minuten Zeit, insgesamt also zwölf Minuten.

Expertentipp:
Sie können auf einem Blatt ruhig Zwischenergebnisse aufschreiben. Es gilt hierbei nicht die Regel „Punktrechnung geht vor Strichrechnung", sondern die Rechnung wird einfach mit der nächsten Zahl und Operation fortgesetzt. Vergessen Sie nicht: Eine Zahl mit 0 multipliziert ergibt immer 0.

1. $6 + 4 \cdot 3 : 5 \cdot 7 - 2 : 10 + 8 - 7 \cdot 3 : 3 + 4 : 3 \cdot 7 - 9 : 4 + 5 \quad =$

2. $5 \cdot 4 - 7 + 1 : 2 + 6 - 8 \cdot 6 : 3 - 6 \cdot 4 + 2 : 9 + 7 - 3 - 5 \cdot 0 \quad =$

3. $4 + 8 : 3 - 1 \cdot 7 + 3 : 6 \cdot 5 - 3 \cdot 0 + 6 - 4 \cdot 9 + 7 \cdot 4 - 1 : 3 \quad =$

4. $9 - 6 \cdot 5 + 6 : 7 + 9 - 2 : 5 + 8 \cdot 2 - 6 + 4 : 3 + 6 - 2 : 5 + 4 =$

5. $8 + 7 - 5 : 2 + 5 - 3 + 6 - 9 : 2 \cdot 8 - 2 : 7 + 9 \cdot 6 - 6 : 3 + 8 \quad =$

6. $5 + 7 - 2 : 2 + 9 - 4 : 5 \cdot 6 + 3 \cdot 3 - 5 \cdot 6 - 9 - 7 - 4 : 5 - 4 \quad =$

Summen korrigieren

Erklärung: Die Zahlenpaare sind jeweils waagerecht und senkrecht addiert. Sie müssen diese Ergebnisse überprüfen. Nur die falschen streichen Sie durch.

Beispiel:

45 67 = 112
63 24 = 89
108 91   Da 63 + 24 = 87, streichen Sie das Ergebnis 89 durch. Die
Ergebnisse 112, 108 und 91 stimmen, sie werden nicht durchgestrichen.
Versuchen Sie die folgenden zwölf Aufgaben in zwei Minuten zu lösen.

1. 34 68 = 112
  13 54 = 67
  47 102

2. 19 57 = 75
  23 66 = 89
  41 133

3. 61 35 = 96
  17 88 = 115
  77 123

4. 38 69 = 107
  28 47 = 75
  76 106

5. 24 88 = 122
  33 77 = 110
  57 175

6. 17 85 = 102
  44 13 = 57
  61 98

7. 17 28 = 45
  57 44 = 111
  84 72

8. 58 18 = 86
  14 27 = 41
  72 45

9. 55 38 = 92
  45 74 = 129
  100 122

10. 13 33 = 46
  39 77 = 116
  52 110

11. 76 59 = 125
  66 93 = 169
  132 142

12. 56 83 = 139
  71   9 = 80
  137 102

Richtige Buchstabenfolgen

Erklärung: Bei diesem Aufgabentyp sollen Sie aus den Buchstabenreihen die Buchstabenfolgen einkreisen, die aus drei im Alphabet aufeinander folgenden Buchstaben bestehen. In nachfolgender Reihe ist dies bei „cde", „ghi" und „def" der Fall. Daher sind diese auch eingekreist. Rechts neben die Reihe wird die Zahl der eingekreisten Kombinationen geschrieben.

abgj(cde)opts(ghi)ufvbtrszm(def)kgb = 3

Für eine Reihe stehen Ihnen 20 Sekunden zur Verfügung, das heißt, für die nachfolgende Übung können Sie gut 2 ½ Minuten einplanen.

Expertentipp:
Schreiben Sie sich das Alphabet auf ein Schmierblatt, dann können Sie schnell mit diesem vergleichen, wenn Sie nicht ganz sicher sind.

1. hilmdabclihtuvxsrgnmhklgopq
2. jrztsturfghkmnbcvxyzglmnkij
3. acdefglkjhijkbgstcdegkhsaqwv
4. ertszuiohbhgrsdstzjinklnwxymist
5. swuvjkloprstadcdeghiuvwuergh
6. eqstuwdgrhikvwxstlkmnhefgba
7. grstfvcxyzbfrstquvwascdbcdac
8. cadnmjklighimnbjklhgfdefefsav

Adressen-Prüf-Test

Erklärung: Sie erhalten zwei Blätter mit Adressen, ein Original und eine Abschrift, die Sie vergleichen sollen. In der Abschrift sollen die Fehler unterstrichen sowie hinter jede Zeile die Anzahl der Fehler eingetragen werden.

Expertentipp:
Gehen Sie Reihe für Reihe und Spalte für Spalte durch. Passen Sie vor allem in der Abschrift dort auf, wo im Original Besonderheiten wie Titel usw. auftauchen oder mehrere Möglichkeiten richtig sein können, wie z. B. bei Meier und Maier usw.

	Original				
1.	Fa. Uwe Rockensüß	Ahornweg 12	34599 Neuental	0 66 93 / 7 60 67	
2.	Dr. med. Klaus Schmitt	Hinter der Kirche 18	34127 Kassel	05 61 / 34 56 77	
3.	Antonio Micino	Friedrichsplatz 12/A	22457 Hamburg	0 40 / 8 67 59 12	
4.	Knauer GmbH & Co. KG	Industriegebiet 88	99084 Erfurt	0 68 / 40 93 - 0	
5.	Dipl.-Ing. Martin Schüssler	Kyffhäuserstr. 66	01159 Dresden	0 99 / 86 45 35	
6.	Dr. Karla Conrad	Heideweg 79	41179 Mönchengladbach	0 40 / 34 56 98	
7.	Claudia S. Maier	Luxemburger Str. 37	50647 Köln	0 30 / 88 77 65	
8.	Dr. med. dent. Anke Huber, Zahnärztin	Peter-Griesbacher-Weg 17a	91547 Rothenburg ob der Tauber	0 87 54 / 54 67	
9.	Dipl.-Hdl. Andreas Beier	Am Silbersee 89	26131 Oldenburg/Oldb.	0 23 47 / 12 37	
10.	FALKEN Verlag GmbH Redaktion Rat u. Wissen	Postf. 12 11 37	65521 Niederhausen	Tel. 0 61 26 / 78 53 34 Fax: / 78 54 68	

	Abschrift				
1.	Fa. Uwe Rockensüss	Ahornweg 22	34599 Neuental	0 66 93 / 7 60 67	
2.	Dr. med. Klaus Schmidt	Hinter der Kirche 18	34127 Kassel	05 61 / 34 56 77	
3.	Antonio Micino	Friedrichsplatz 12A	22457 Hamburg	0 40 / 8 67 58 12	
4.	Knauer GmbH & Co. KG	Industriegebiet 88	99084 Erfurth	0 68 / 40 93 0	
5.	Dipl-Ing. Martin Schüssler	Kyfhäuserstr. 66	01159 Dresden	0 99 / 86 45 35	
6.	Dr. Carla Konrad	Heideweg 79	41179 Mönchen-Gladbach	0 40 / 34 56 89	
7.	Claudia Meier	Luxenburger Str. 7	50647 Köln	0 30 / 88 77 66	
8.	Dr. med. dent. Anke Huber - Zahnärztin	Peter-Griesbacher-Weg 17	91547 Rotenburg ob der Tauber	0 87 54 / 54 67	
9.	Dipl.Hdl. Andreas Baier	Am Silbersee 89	26131 Oldenburg/Oldb.	0 23 47 / 13 27	
10.	FALKEN Verlag GMBH Redaktion Rat & Wissen	Postf. 12 11 37	66521 Niederhausen	Tel. 0 61 26 / 78 53 34 Fax: / 78 54 88	

Holzauge, sei wachsam: Unterschiede bei Bildern erkennen

Erklärung: Bei dieser Übung stimmt jeweils ein Titelbild einer Reihe mit den anderen nicht überein. Einzelheiten wurden hinzugefügt, weggelassen oder auch nur verändert. Das abweichende Bild gilt es herauszufinden. Notieren Sie bitte den Buchstaben dieses Bildes in dem Lösungsfeld.

Beispiel:

a   b   c   d   e

Der Hase a unterscheidet sich von den anderen vier Hasen, da ihm links die Schnurrhaare fehlen.

Expertentipp:
Auf den ersten Blick sehen die Ihnen vorgelegten Bilder alle gleich aus. Die geringfügigen Unterschiede erkennen Sie nur, wenn Sie sich auf jedes Detail konzentrieren. Erkennen Sie bei einer Bildfolge keinen Unterschied, gehen Sie ruhig zur nächsten über. Die knapp bemessene Zeit erlaubt Ihnen nicht, sich längere Zeit mit einer Bildreihe zu beschäftigen.

Ran an die Übungsaufgaben!
Versuchen Sie auch hier die Aufgaben in möglichst kurzer Zeit zu bewältigen. Tragen Sie Ihre Lösungsbuchstaben wieder in die vorgesehenen Felder am Ende der Zeilen ein.

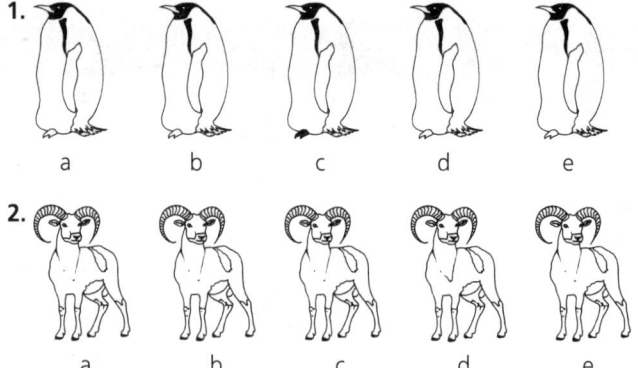

1.

a   b   c   d   e

2.

a   b   c   d   e

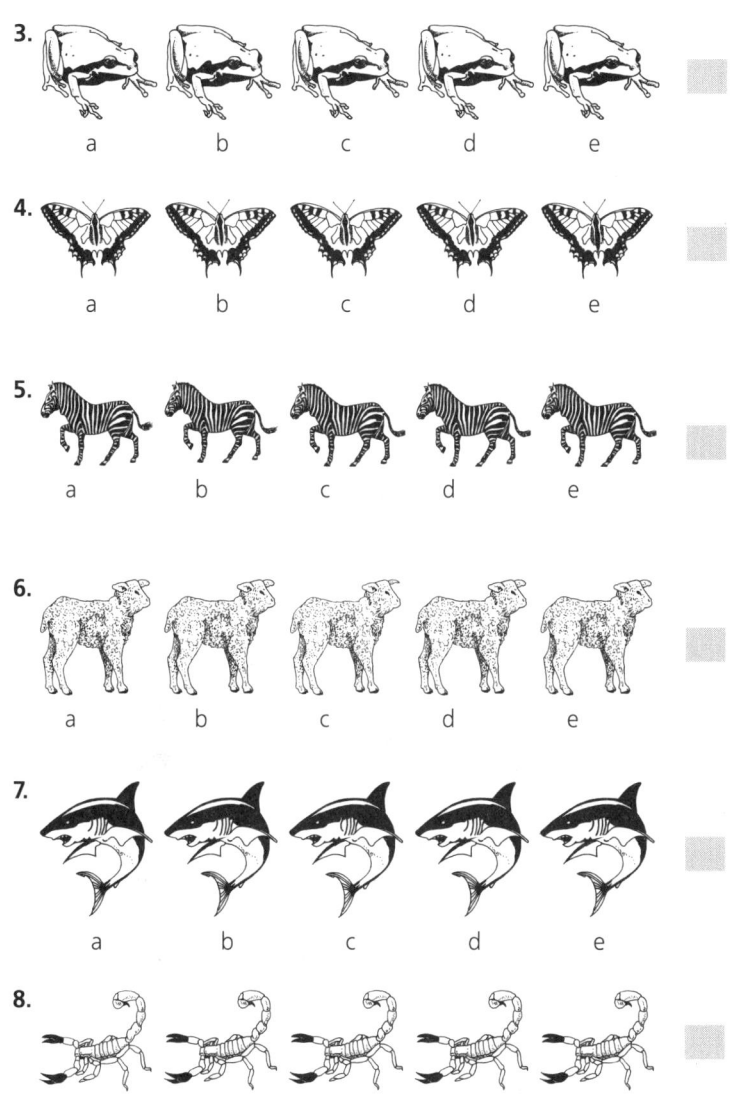

3.
a　　b　　c　　d　　e

4.
a　　b　　c　　d　　e

5.
a　　b　　c　　d　　e

6.
a　　b　　c　　d　　e

7.
a　　b　　c　　d　　e

8.
a　　b　　c　　d　　e

9.

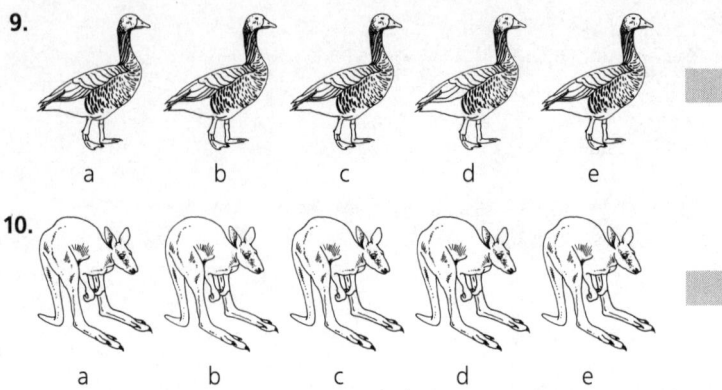

a   b   c   d   e

10.

a   b   c   d   e

Merkfähigkeit und Erinnerungsvermögen

Jogging für das Kleinhirn: Sich vorgegebene Figuren merken

Erklärung: Die folgende Reihe von 7 Figuren ist vorgegeben.

Versuchen Sie sich die Figuren möglichst gut einzuprägen. Auch auf Einzelheiten kommt es dabei an. Im Anschluss finden Sie eine Vielzahl von Figuren. Ihre Aufgabe besteht darin, die Figuren in den einzelnen Aufgaben herauszufinden, die von den vorgegebenen Figuren irgendwie abweichen.

Muster:

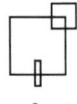 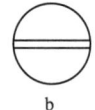     

a   b   c   d   e   f   g

Unterschiede gegenüber den vorgegebenen Symbolen weisen Figur b, c und e auf.

Expertentipp:
Da die Grundfiguren im Wesentlichen gleich bleiben, brauchen Sie diesen keine große Aufmerksamkeit zu widmen. Konzentrieren Sie sich stattdessen auf Form, Lage und Aussehen der Gestaltungselemente innerhalb der Figuren.

Ran an die Übungsaufgaben!
Bei diesen Aufgaben geht es um Ihr Erinnerungsvermögen, deshalb sollten Sie sich die vorgegebenen Figuren einprägen und dann abdecken, um nicht in Versuchung zu kommen, immer wieder nachzusehen.

Schreiben Sie dann den oder die Lösungsbuchstaben in die entsprechenden Felder.

Aufgabe 1:

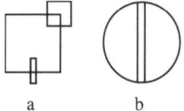     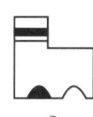

a   b   c   d   e   f   g

Lösungen:

Aufgabe 2:

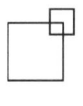 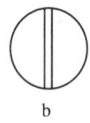     

a   b   c   .   d   e   f   g

Lösungen:

Aufgabe 3:

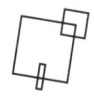      

a   b   c   d   e   f   g

Lösungen:

Aufgabe 4:

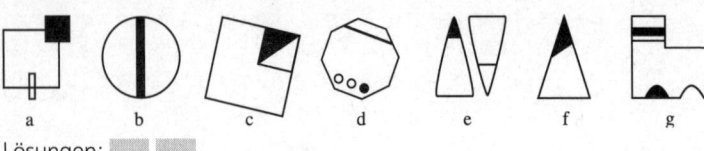

a   b   c   d   e   f   g

Lösungen:

Aufgabe 5:

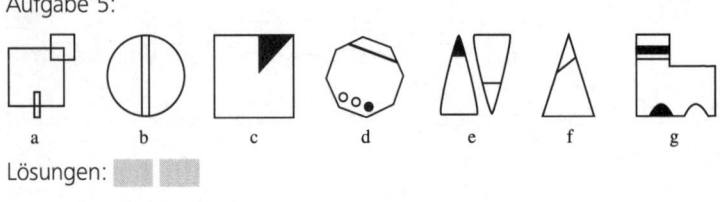

a   b   c   d   e   f   g

Lösungen:

Aufgabe 6:

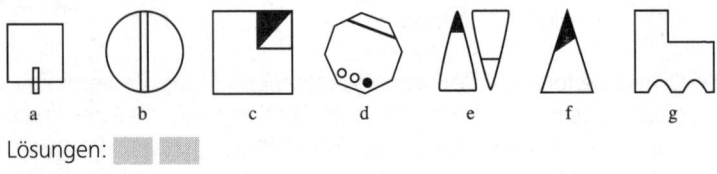

a   b   c   d   e   f   g

Lösungen:

Aufgabe 7:

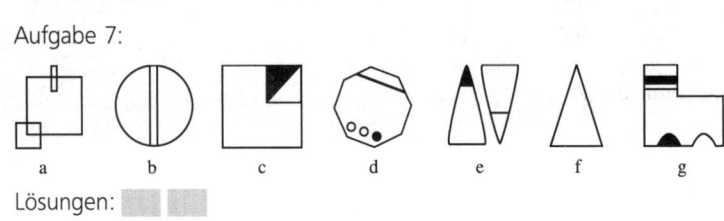

a   b   c   d   e   f   g

Lösungen:

Aufgabe 8:

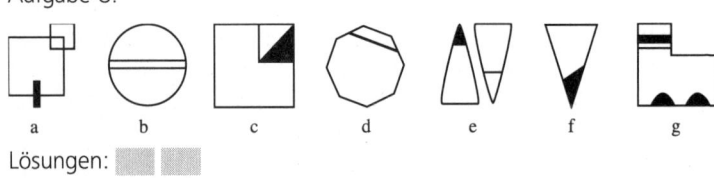

a   b   c   d   e   f   g

Lösungen:

184

Aufgabe 9:

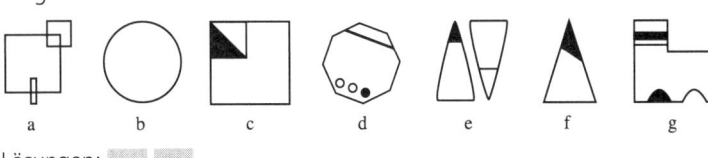

a   b   c   d   e   f   g

Lösungen: ▨ ▨

Aufgabe 10:

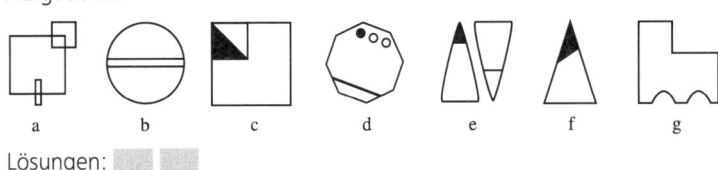

a   b   c   d   e   f   g

Lösungen: ▨ ▨

Rechnen – Merken – Rechnen

Erklärung: Bei folgendem Aufgabentyp stehen jeweils zwei Zeilen mit Zahlenreihen untereinander. Sie sollen die beiden Reihen jeweils ausrechnen, sich die Ergebnisse merken (bei diesen Aufgaben dürfen Sie kein Zwischenergebnis aufschreiben!) und dann das kleinere Ergebnis von dem größeren abziehen. Nur das Endergebnis schreiben Sie auf.

Beispiel: $5 + 2 + 8 = 15$
$\qquad\quad 7 - 4 + 6 = 9$ $\boxed{6}$

Expertentipp:

In der Eile und dem Prüfungsstress unterlaufen Ihnen sicherlich die meisten Fehler, wenn Sie sich das erste Ergebnis merken müssen, während Sie die zweite Reihe ausrechnen. Da die Zwischenergebnisse meist zwischen 10 und 20 liegen, bietet sich folgende Methode an: Sie merken sich als Anhaltspunkt die zweite Zahl des Zwischenergebnisses mithilfe Ihrer Finger, während Sie die andere Reihe ausrechnen.

Ran an die Übungsaufgaben!

Für die folgenden 12 Aufgaben haben Sie nur zwei Minuten Zeit. Notieren Sie Ihr Ergebnis im vorgesehenen Lösungsfeld.

1. $6 - 3 + 9$
    $8 - 5 + 4$

7. $9 - 3 + 4$
    $8 - 2 + 9$

2. $4 - 3 + 5$
    $6 + 8 - 5$

8. $5 + 6 - 4$
    $8 - 9 + 3$

3. $7 + 9 - 5$
    $5 + 4 - 7$

9. $6 + 7 + 3$
    $8 - 5 + 7$

4. $6 + 4 + 5$
    $8 + 4 - 9$

10. $3 + 6 - 8$
    $9 + 2 - 7$

5. $7 - 4 + 2$
    $8 + 6 - 3$

11. $9 - 5 - 3$
    $4 + 7 + 9$

6. $8 - 5 + 7$
    $9 + 8 - 4$

12. $5 + 7 - 8$
    $6 + 9 - 2$

Räumliches Vorstellungsvermögen

Sie erinnern sich noch genau an die ersten Schritte im Werkunterricht? Oder an das perspektivische Zeichnen? Oder an den ersten Versuch, einmal eine Schachtel aus Papier zu basteln und vorher möglichst genau herauszufinden, wie welche Seiten zu schneiden oder zu kleben sind? Dann sind Sie bei diesen Aufgaben goldrichtig und werden sie auch leicht schaffen.

Expertentipp:
Manchmal glaubt man die richtige Lösung auf einen Blick zu sehen. Möglicherweise ist dies auch richtig. Zur Sicherheit sollten Sie aber alle Figuren oder Abwicklungen „durchspielen", um dies zu überprüfen.

Ran an die Übungsaufgaben!
Lassen Sie sich bei diesen Aufgaben lieber etwas mehr Zeit, wenn Ihr räumliches Vorstellungsvermögen nicht gut geschult ist. Denken Sie sich in die Aufgabe hinein und schreiben Sie dann den Lösungsbuchstaben in das entsprechende Feld.

1. Welche Abwicklung gehört zu der abgebildeten oben offenen Dose?

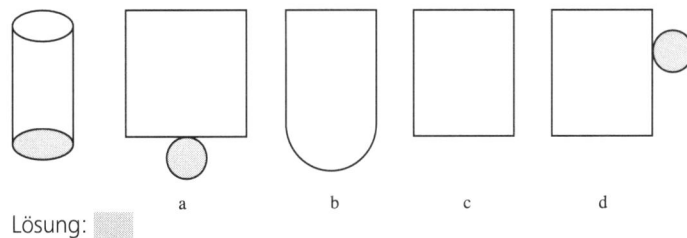

Lösung:

2. Welches ist die richtige Abwicklung für diesen Würfel?

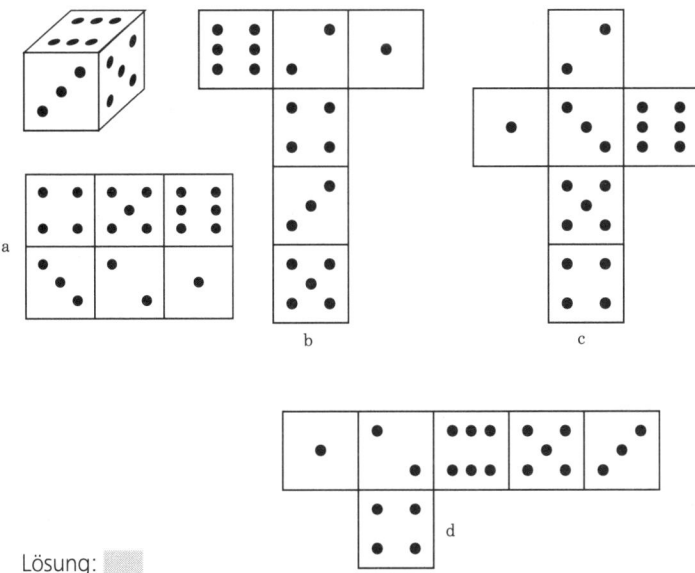

Lösung:

3. Durch welche Abwicklung entsteht diese Figur?

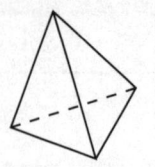
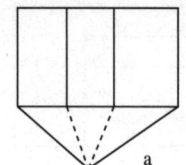

a

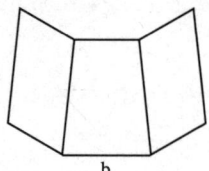

b

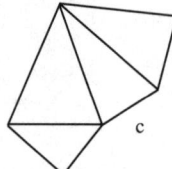

c

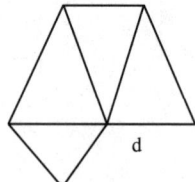

d

Lösung:

4. Welcher Körper gehört zu folgender Abwicklung?

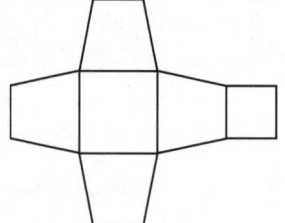

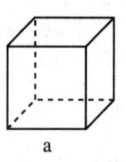

a

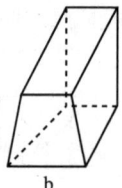

b

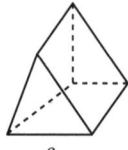

c

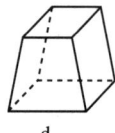

d

Lösung:

5. Welche Abwicklung ergibt sich aus dieser geschlossenen Figur?

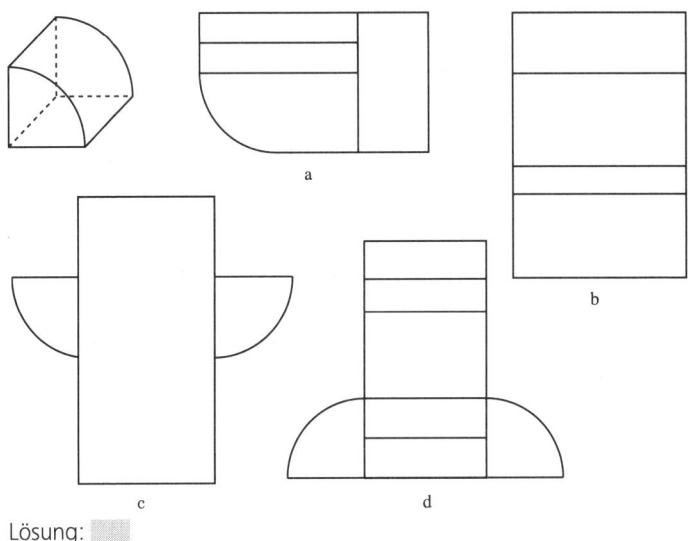

Lösung:

6. Durch einen Dreieckskörper wird ein Loch gebohrt. Wie sieht der Körper aus, wenn er abgewickelt wird?

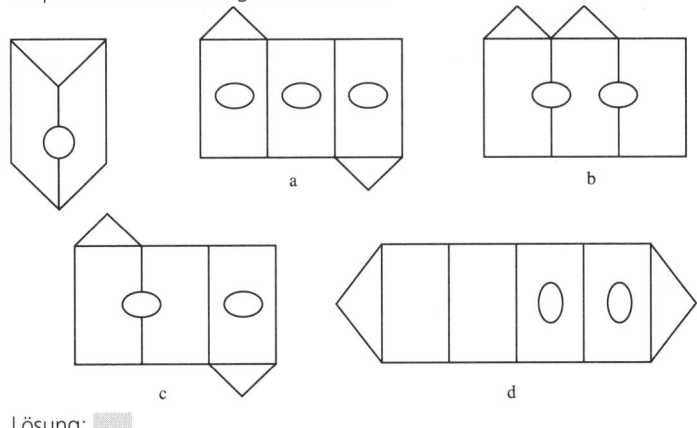

Lösung:

7. Welche Abwicklung entspricht dieser Treppe?

a

b

c

d

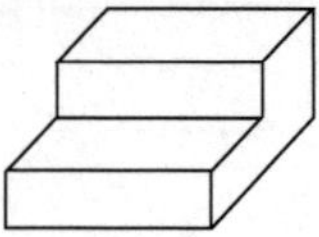

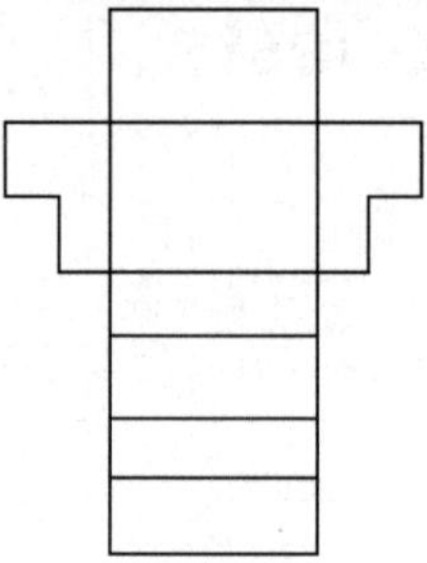

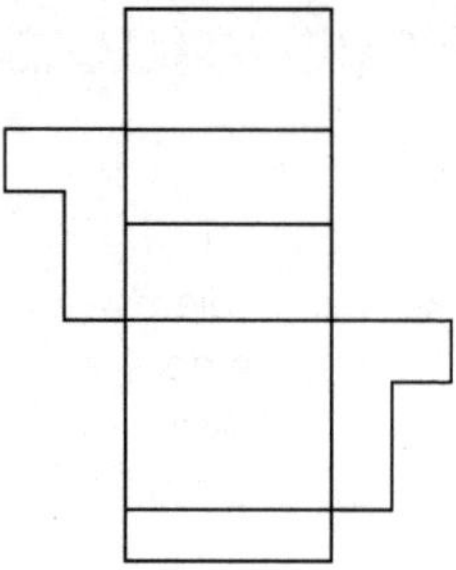

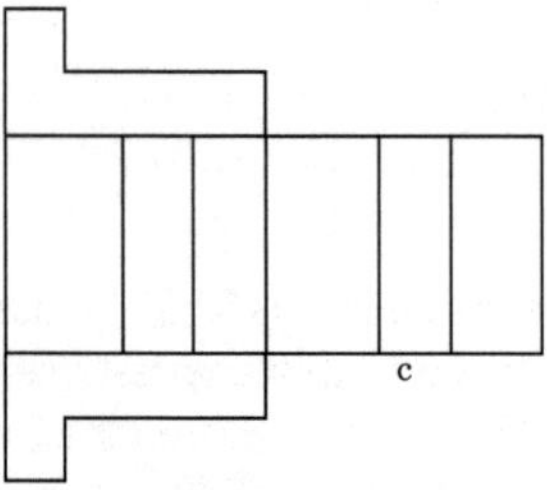

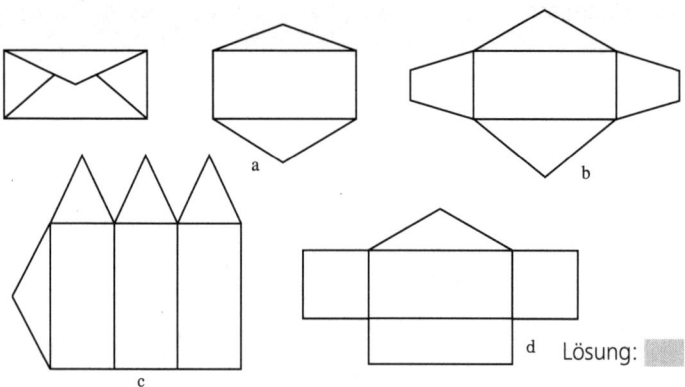

Lösung:

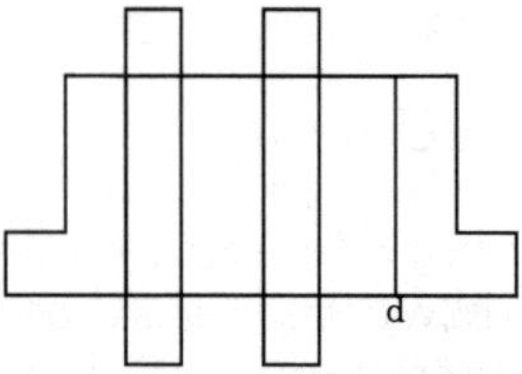

8. Wie sieht ein Briefumschlag aus, bevor er zusammengefaltet wurde?

a

b

c

d

Lösung:

Der gläserne Mensch: Psychologische Tests

Obwohl die psychologischen Tests teilweise sehr umstritten sind, werden sie noch immer in Einstellungstests angewendet.

Hier sollen zwei Testarten vorgestellt werden, die gerade in den letzten Jahren auch in Einstellungstests für Ausbildungsplatzsuchende immer öfter zu finden waren: der Persönlichkeitstest und das Assessmentcenter. Speziell Großbetriebe des Handels und der Industrie sind es, die diese Art von Tests anwenden.

Persönlichkeitstests

Sie lernen einen gut aussehenden Typen kennen und versuchen herauszufinden, wie er ist, wie er reagiert, sich benimmt, wie er zu Ihnen passt? Sie machen einen Persönlichkeitstest! Sie kommen in eine neue Klasse, eine Clique oder einen Verein, viele Augen starren auf Sie und man stellt Ihnen Fragen, um zu sehen, was das für einer ist, der Neue und Sie werden Persönlichkeitstests unterzogen. Mal sehen, wie der neue Lehrer ist? – Ein Persönlichkeitstest.

„Hoffentlich passt der Neue in unsere Mannschaft", denkt der Trainer und unterzieht ihn im Gespräch einem ersten Persönlichkeitstest.

Genauso will Ihr eventueller zukünftiger Arbeitgeber natürlich auch abschätzen, ob Sie in das Team und den Betrieb passen. Spätestens im Vorstellungsgespräch wird man versuchen dies mit entsprechenden Fragen herauszubekommen. Viele Betriebe versuchen es aber auch schon vorher durch den Personalfragebogen und/oder einen Persönlichkeitstest.

Was ist dran an Persönlichkeitstests?

Mit diesen Persönlichkeitstests versucht man – wie ein Arzt mit einem Ultraschallgerät – in Sie hineinzublicken, um zu ergründen, ob Sie menschlich in den Ausbildungsbetrieb passen. Man will wissen, ob Sie willensstark und fleißig sind, ob Sie sich gut einfügen, ob Sie gut mit den Mitarbeitern harmonieren werden, ob Sie leicht zu führen sind usw.

Generell unterscheiden sich die Persönlichkeitstests von den Leistungs- und Belastungstests dadurch, dass nicht Ihr Konzentrations- oder Belastungsvermögen oder Ihr Wissen getestet werden, dass es bei ihnen nicht um richtige oder falsche Antworten geht. Das ist einfach und ungefährlich, werden Sie vielleicht denken. Die Fragen in den Persönlichkeitstests sollen Sie jedoch dazu bringen, Ihre Charaktereigenschaften, persönliche Vorlieben und Abneigungen zu outen.

Achtung: Sie sollen sich outen!

„Outen" ist ein modernes Wort für die Offenlegung der Persönlichkeit, für die Preisgabe dessen, was man denkt und fühlt, wie man lebt und wie man tatsächlich ist.

Wer sich outet, indem er beispielsweise mitteilt, dass er HIV-positiv ist, wer der Öffentlichkeit verrät, dass er drogensüchtig ist oder andere sexuelle Vorlieben hat, als man bisher von ihm erwartet hatte, der tut dies normalerweise aus freien Stücken und will auch meist ein bestimmtes Ziel damit erreichen. Doch mit ziemlicher Sicherheit werden Sie sich nicht freiwillig fremden Firmen oder deren Mitarbeitern gegenüber outen wollen, zumal auch der Missbrauch Ihrer Auskünfte und Daten nicht ausgeschlossen werden kann, denn die Einhaltung des Datenschutzes ist schwer zu überprüfen. Dennoch sind die Fragen der Persönlichkeitstests bisweilen hart an der Grenze des Erlaubten und können diese sogar überschreiten.

Doch was nützt Ihnen in Ihrer Situation diese Erkenntnis? Sie können natürlich die Beantwortung dieser Fragen verweigern und den Test abbrechen. Doch Ihr Ziel, nämlich den Ausbildungsplatz zu bekommen, werden Sie damit kaum erreichen. Entscheiden Sie sich also lieber dafür, den Persönlichkeitstest zu absolvieren, wenn Ihnen einer vorgelegt werden sollte. Wenn Sie sich mithilfe Ihres Testtrainers darauf vorbereiten, sind Sie fit für die Fragen und können sich der Unternehmung für den gewünschten Ausbildungsplatz empfehlen, ohne Ihr Innerstes preiszugeben.

Doch wie sollen Sie sich am besten vorbereiten? Zuerst sei gesagt, dass es unzählige Möglichkeiten der Fragestellung gibt. Die Beantwortung einzelner Fragen zu üben in der Hoffnung, dass Ihnen später genau diese auch gestellt werden, ist daher sicher kein Erfolg versprechender Weg.

Dieser Testtrainer will Ihnen lieber die Ziele der Tests und die Strukturen aufzeigen. Mit diesem Wissen sollen Sie versuchen bewusst und zielgerichtet zu antworten. Ein Persönlichkeitstest setzt voraus, dass Sie spontan und ehrlich antworten. Dies wird Ihnen der Tester auch vor Beginn des Tests sagen. Damit Sie sich nicht womöglich selbst schaden, ist es jedoch nicht ratsam, auch wirklich spontan und unüberlegt zu antworten. Auch absolute Ehrlichkeit oder gar schonungslose Offenheit ist nicht angebracht, stattdessen sollten Sie lieber versuchen in Ihren Antworten der Idealvorstellung eines Auszubildenden so nahe wie möglich zu kommen, ohne Ihre eigene Persönlichkeit zu verleugnen. Selbstverständlich kann es ihn in Wirklichkeit gar nicht geben, *den* Ausbildungsplatzbewerber mit einer optimalen Persönlichkeitsstruktur. Schon deshalb nicht, weil sie ja davon abhängig ist, in welchem Beruf und in welchem Betrieb man arbeiten will. Von einer Friseuse erwartet man sicherlich ein anderes Auftreten und eine höhere Bereitschaft, sich über Alltägliches zu unterhalten, als von einer Bankkauffrau. Von einer Hotelfachfrau im Fünf-Sterne-Hotel werden ebenfalls etwas andere Persönlichkeitsmerkmale erwartet als von einer Berufskollegin in einer kleinen Pension. Die verschiedenen Anforderungen werden in der Regel schon beim Erstellen eines Testes berücksichtigt. Dennoch gibt es eine Reihe von Persönlichkeitsmerkmalen, die eigentlich immer erwünscht sind bzw. erwartet werden. Die wichtigsten sollen Sie hier kennen lernen und so weit wie möglich in Ihren Antworten berücksichtigen:

- **Flexibilität:** In unserer schnelllebigen Zeit müssen Sie innovationsfreudig, das heißt Neuem gegenüber aufgeschlossen sein. Sie dürfen Neues nicht ablehnen. Natürlich sollte dies nicht so weit gehen, dass Sie sich unkritisch auf alles Neue stürzen und dadurch möglicherweise zu hohe Risiken eingehen.

- **Leistungsbereitschaft:** Selbstverständlich sollten Sie versuchen beruflich voranzukommen und sich für die Firma und die eigene Karriere zu engagieren, ohne vor Anstrengungen zurückzuschrecken. Sie sollten aktiv, ehrgeizig und zielstrebig sein. Dieser berufliche Ehrgeiz sollte aber nicht grenzenlos sein. Dann wären Sie ein unangenehmer Kollege und für die Vorgesetzten eine mögliche Gefahr. Übermotivierte sind auch oft unzufrieden.

- **Lernfähigkeit:** Sie sollten bereit sein, von anderen zu lernen, bessere Argumente zu akzeptieren und mit ihnen zu arbeiten. Sie sollten auch bereit sein, sich fortzubilden, das ist heute unumgänglich. Allerdings sollen Sie auch kritisch sein und eigene Standpunkte durchsetzen können.

▓ **Teamfähigkeit:** In vielen Bereichen wird heute in Gruppen, Fertigungsinseln o. Ä. gearbeitet. Es wird also von Ihnen gefordert, dass Sie mit anderen zusammenarbeiten können, das heißt auf diese eingehen, gute Ideen aufnehmen und sich auch anpassen können.

▓ **Durchsetzungsvermögen:** Ihre Anpassungsfähigkeit darf nicht so groß sein, dass Sie sich willenlos führen lassen. Wenn Sie die besseren Argumente haben, dann sollten Sie auch versuchen diese durchzusetzen. Sie sollen auch Führungsaufgaben übernehmen können, denn selbst in kleineren Teams kommt es inzwischen öfter vor, dass die Leitung der Gruppe von einem zum andern wechselt.

▓ **Belastungsfähigkeit:** Sie sollen mit Stresssituationen möglichst gelassen umgehen. Nur wenn Sie cool bleiben, können Sie auch später in stressigen Berufssituationen noch rational abwägen und vernünftig entscheiden. Allerdings sollten Sie unter Stress auch eine gewisse Gespanntheit haben, damit Sie entsprechend motiviert reagieren können.

▓ **Vertrauensbereitschaft:** Ihre Bereitschaft, anderen Vertrauen entgegenzubringen, darf nicht so groß sein, dass Sie ohne nachzufragen, anderen alles glauben. Genauso schlecht wäre das andere Extrem, nämlich ausgesprochen misstrauisch zu sein. Dies wäre gegenüber Kunden genauso unangebracht wie gegenüber Lieferanten oder Kollegen.

▓ **Ausgeglichenheit:** Sind Sie empfindlich, unbeherrscht und aggressiv oder ruhig und gelassen? Es ist sicherlich nicht angenehm, mit Mitarbeitern zusammenzuarbeiten, die bei jeder Kleinigkeit explodieren. Dies könnte außerdem auch Kunden vergraulen. Sie sollten aber auch nicht so dickfellig sein, dass Ihnen quasi alles egal ist.

▓ **Zufriedenheit:** Sind Sie mit Ihrem Leben zufrieden, zuversichtlich und überwiegend gut gelaunt oder sind Sie unzufrieden und haben eine überwiegend negative Lebenseinstellung?

▓ **Beanspruchung:** Sind Sie angespannt, stark beansprucht und bis zur Grenze oder teils darüber hinaus belastet, oder sind Sie wenig gestresst und nicht überfordert?

▓ Weitere Persönlichkeitsmerkmale können sein: Hilfsbereitschaft, Geselligkeit, Dominanzstreben, Geltungsbedürfnis, Anlehnungsbedürfnis, Ordnungsstreben usw.

Superfrau und Supermann: die Traumbewerber

Expertentipp:
Gehen Sie an die Persönlichkeitstests mit dem Wissen heran, dass die Tester die Persönlichkeitsmerkmale, die man von Ihnen erwartet, sicher selbst auch nicht alle und schon gar nicht in der gewünschten Ausgewogenheit vorweisen können.

Wie sieht er denn nun aus, der ideale Bewerber um einen Ausbildungsplatz? Er blickt optimistisch in die Zukunft. Probleme wie Umweltschutz o. Ä. werden zwar als wichtig erkannt, aber für lösbar gehalten. Er ist ehrlich und würde niemals etwas stehlen oder lügen. Er ist strebsam und zielstrebig, aber auch lern- und gruppenfähig. Er ist Neuem gegenüber aufgeschlossen, aber abwägend. Er ist nicht aggressiv und nervös, sondern gelassen, nett und zuvorkommend. Er ist aber auch nicht kühl berechnend, nur auf sein Fortkommen oder seinen eigenen Vorteil bedacht und rücksichtslos, sondern rücksichtsvoll und hilfsbereit, wo es nötig ist.

Wie sehen die Fragen aus?

Es gibt verschiedene Persönlichkeitstests mit diversen Frage- und Antworttechniken. Die wichtigsten sollen Ihnen hier beispielhaft vorgestellt werden:

Bestätigung/Ablehnung mit verschiedenen Antwortmöglichkeiten
Schulstress schlägt mir auf den Magen und macht mich nervös.
a) Stimmt   b) Stimmt nicht
Um meine Meinung durchzusetzen, würde ich mich im Ernstfall auch streiten.
a) Stimmt   b) teils-teils   c) stimmt nicht
Oder: Ich vermeide es generell, mich mit anderen zu streiten:
a) ja   b) manchmal   c) nein
Oder: Ich bin lieber allein, als mit der Clique etwas zu unternehmen.
a) oft   b) manchmal   c) selten

Eine Antwort auswählen, die zu Ihnen passt

Wenn ich sachlich kritisiert werde, dann ...

a) ... stört mich das sehr

b) ... ist mir das egal

c) ... denke ich über die Kritik nach und nehme sie an

Ihre Meinung zu einer kleinen Story

Sie lesen eine kurze Schilderung und sollen ankreuzen, welche Reaktion Ihrer Meinung nach angebracht ist:

Sie sitzen als Nichtraucher in einem Nichtraucherabteil der Bahn. Plötzlich stopft sich Ihr Gegenüber eine Pfeife und bläst Ihnen genüsslich den Rauch ins Gesicht. Sie mögen dies überhaupt nicht. Wie verhalten Sie sich?

a) Sie wechseln wortlos das Abteil.

b) Sie husten laut und sagen, als Ihr Gegenüber diese Anspielung nicht registriert, forsch: „Können Sie eigentlich nicht lesen? Dies ist ein Nichtraucherabteil."

c) Sie öffnen das Fenster und setzen sich wieder.

d) Sie sagen: „Würden Sie bitte das Rauchen einstellen oder in ein Raucherabteil wechseln?"

Bildertest

Es werden Ihnen Bilder sowie verschiedene Antworten und Aussagen dazu vorgelegt. Sie sollen nun die Ihrer Meinung nach passende Antwort oder Aussage auswählen.

Was wird die linke Person Ihrer Meinung nach antworten?

a) Oh Gott, das ist mir furchtbar peinlich. Wie kann ich das wieder gutmachen?

b) Es tut mir sehr leid, es war ein Versehen, aber nun ist es geschehen.

c) Wollen wir versuchen, das zusammen wieder hinzukriegen?

d) Bleib' cool, das kommt in den besten Familien vor …

Die beste Taktik bei Persönlichkeitstests:

- Befolgen Sie diesmal nicht die Anweisung des Testers, möglichst spontan und unbeschwert an die Beantwortung heranzugehen.

- Im Gegenteil: Gehen Sie sehr konzentriert an die Beantwortung. Überlegen Sie bei jeder Frage, was dahinter stecken könnte, und suchen Sie die aus betrieblicher Sicht beste Antwort heraus.

- Versuchen Sie der Idealvorstellung möglichst nahe zu kommen, auch wenn Sie mal etwas flunkern.

- Wählen Sie keine extremen Meinungen oder Verhaltensweisen.

- Achten Sie auf „Lügentestfragen".

Vorsicht: Lügentestfragen

Natürlich ist Ihr Testergebnis für den Tester nur aussagefähig, wenn Sie auch immer ehrlich geantwortet haben. Um dem Tester aber ein anderes, Erfolg versprechenderes Ergebnis vorzutäuschen, werden Sie bei bestimmten Antworten wohl entgegen Ihrer inneren Überzeugung antworten. Hierbei müssen Sie besonders aufpassen, denn die Tests beinhalten gewöhnlich so genannte Lügentestfragen. Mit ihnen will der Tester herausfinden, ob Sie denn immer wahrheitsgemäß geantwortet haben. So lautet vielleicht die fünfte Frage: „Ich bin überwiegend gern allein" und die 43. Frage: „Meine Freizeit verbringe ich am liebsten in einer netten Clique". Antworten Sie in beiden Fragen „Stimmt", dann müssen Sie bei einer Antwort geschwindelt haben.

Expertentipp:
Wenn Sie Fragen mit ähnlichem Inhalt entdecken, lesen Sie sich die erste Frage und Ihre Antwort darauf nochmals genau durch und stimmen Sie die Antworten beider Fragen aufeinander ab.

Mehr als eine Gruppendiskussion am runden Tisch: Das Assessmentcenter

Stellen Sie sich vor, Sie werden nicht den üblichen Tests unterzogen, sondern Sie sitzen plötzlich an einem runden Tisch, zusammen mit anderen Testkandidaten. Dabei handelt es sich um einen psychologischen Test mit dem Namen „Assessmentcenter".

Der Begriff „Assessmentcenter" (AC) stammt aus dem englischen bzw. amerikanischen Sprachraum. Die wörtliche Übersetzung lautet: „Beurteilungs-" oder „Einschätzungs-Zentrum".

Nach dem Zweiten Weltkrieg wurde das AC von amerikanischen Großunternehmen zum Instrument zur Mitarbeiterauswahl entwickelt. Auch viele deutsche Unternehmer bedienen sich inzwischen Assessmentcenter-Tests. Sie sollen den Personalchefs helfen, den richtigen Mitarbeiter für einen bestimmten Arbeitsplatz zu finden.

Das AC ähnelt einem Auswahlseminar, an dem eine Gruppe von Bewerbern teilnimmt. Die Seminardauer beträgt im Normalfall einen ganzen Tag. Sie kann aber auch bis zu drei Tage dauern. Die Auswahltests verlaufen in großen Teilen nicht nach dem Schema „Frage – Antwort – Lösung". Es werden vielmehr sehr verschiedenartige Beurteilungsmethoden eingesetzt, beispielsweise Gruppendiskussionen, Referate, Interviews, Bearbeitung von Fallstudien, Präsentation von Arbeitsproben und psychologische Leistungstests. Trainierte Beobachter bewerten zunächst unabhängig voneinander das Verhalten der Bewerber. Ihre Einzelurteile werden später zu einem Gesamturteil zusammengefasst. Bei der Auswahl von Führungspersönlichkeiten wirken nicht selten auch auf AC spezialisierte Psychologen mit.

Bedeutung von Assessmentcentern für Ausbildungs-platzsuchende

Assessmentcenter verursachen für die Unternehmen, die sie durchführen, hohe Kosten. Sie werden daher vor allem als Instrument für die Besetzung solcher Stellen eingesetzt, bei der sich eine Unternehmung aus wirtschaftlichen Gründen eine Fehlbesetzung einfach nicht leisten kann.

Ausbildungsplatzsuchende werden im Normalfall nicht den gesamten Testbausteinen im Rahmen eines AC ausgesetzt. Einige typische Aufgabenstellungen, die Bestandteile eines AC sind, findet man in zunehmendem Maße seit mehreren Jahren aber auch hier. Diese Art „Mini-AC-Tests" dauern dabei nur wenige Stunden. Vor allem Abiturienten, die sich um einen kaufmännischen oder einen Verwaltungsberuf bewerben, sollten nicht überrascht sein, wenn sie bei großen Betrieben eine AC-Übung durchlaufen müssen.

Zwei Varianten sind möglich: Neben der geleiteten gibt es die ungeleitete (führerlose) Gruppendiskussion. Bei der letzteren wird keiner der Bewerber zum Diskussionsleiter bestimmt.

Themenbeispiel: „Akademiker erzielen ein überdurchschnittliches Lebenseinkommen. Sie verdanken dies einer Hochschulausbildung, die weitgehend durch die Steuern der Berufstätigen finanziert wird. Steuerzahler mit niedrigem Einkommen subventionieren also die später besser verdienenden Hochschulabsolventen."

Bitte diskutieren Sie die Vor- und Nachteile von Studiengebühren als Instrument zur Herstellung von mehr sozialer Gerechtigkeit. Formulieren Sie ein Empfehlungsschreiben an eine Ausbildungskommission.

Worauf achten die Beobachter bei der Diskussion?

Nur sehr zweitrangig sind die erzielten Ergebnisse. Bewertet wird vielmehr das Verhalten der Gruppenteilnehmer in der Diskussionsphase. Gutachter des Gruppenprozesses beobachten dabei die Teilnehmer unter anderem hinsichtlich folgender Persönlichkeitsmerkmale und Verhaltensweisen:

- Kann er zuhören und auf die Beiträge der anderen eingehen?
- Setzt er sich nur auf Kosten der anderen durch?
- Kann er die Beiträge der anderen bei der eigenen Meinungsbildung aufnehmen und eine verbesserte Problemlösungsstrategie anbieten?
- Bleibt er bei Angriffen durch andere Teilnehmer sachlich und lässt sich nicht aus dem Konzept bringen?
- Werden seine Diskussionsbeiträge gut formuliert und in verständlicher Form vorgetragen?
- Ist er fähig, Argumente von anderen zu wiederholen und auf das Wesentliche zu reduzieren?
- Werden die eigenen Zielvorstellungen trotz Widerständen nicht ohne weiteres aufgegeben?

Expertentipps:

So verhalten Sie sich richtig:

▓ Hören Sie zunächst zu und warten Sie ab, bis die anderen Teilnehmer ihre Meinung vorgebracht haben. Bei längeren Beiträgen kann es sinnvoll sein, sich Notizen zu machen.

▓ Nehmen Sie die Beiträge der anderen auf und versuchen Sie diese durch Einbringung Ihrer eigenen Vorstellungen weiterzuentwickeln. Übernehmen Sie hierbei eventuell die Rolle des Moderators.

▓ Stellen Sie keine geschlossenen Fragen, auf die man nur mit „Ja" oder „Nein" antworten kann.

▓ Greifen Sie vermittelnd ein, wenn sich Konflikte zwischen Gesprächspartnern abzeichnen.

▓ Stellen Sie Verständnisfragen, wenn die Ausführungen von anderen interpretationsbedürftig sind.

▓ Nehmen Sie nicht vorschnell eine Bewertung von anderen Beiträgen vor. Bringen Sie Ihre Kritik nicht in einer kränkenden oder herabsetzenden Form vor.

▓ Ergreifen Sie die Initiative, wenn die Diskussion ausufert, versandet oder unsachlich wird.

Zu guter Letzt

Der Testtrainer lässt Sie nicht im Regen stehen

Sie haben das Buch bis hierher durchgearbeitet, vielleicht intensiver, vielleicht nicht so intensiv. Und nun stehen Sie allein mit Ihrem Test? Nein, denn der Autor will, dass Sie erfolgreich sind und dass sich die Arbeit mit diesem Testtrainer für Sie gelohnt hat. Er lässt Sie nicht im Regen stehen, denn er will, dass Sie den Testtrainer weiterempfehlen an Ihre Freunde und Bekannten.

Sie haben viele Fragen beantwortet und sich selbst getestet. Sie haben sich hoffentlich nicht selbst betrogen, indem Sie vor der Beantwortung im Lösungsteil nachgesehen haben. Sie haben gemerkt, wie gut es bei Ihnen in Deutsch, Rechnen oder in anderen Fragen zum Schulwissen läuft. Sie haben den Umgang mit Multiple-Choice-Fragen gelernt. Vor allem haben Sie aber auch wichtige Leistungstests kennen und lösen gelernt. Sie wissen, worauf es bei den Persönlichkeitstests oder dem Assessmentcenter ankommt.

Sie haben ein gutes Training hinter sich. Doch war das Training hart genug, um erfolgreich zu sein?

Hand aufs Herz: Hatten Sie Schwierigkeiten oder haben Sie bei sich große Lücken entdeckt? Wenn ja, nehmen Sie sich das gesamte Buch oder die entsprechenden Teile dieses Buches noch einmal vor und arbeiten Sie sehr gewissenhaft daran.

Wenn Sie vor allem in den schulischen Bereichen Lücken entdeckt haben, besorgen Sie sich eventuell weitere Literatur, um bestimmte Gebiete zu vertiefen. Fragen Sie doch einmal in der Stadtbücherei nach oder fragen Sie Ihren Lehrer.

Arbeiten Sie hart an sich, so, wie es die erfolgreichen Sportler auch machen, denn auch Sie haben ein großes Ziel vor Augen.

Der Countdown läuft

Der Test steht bevor. Jeder Mensch reagiert anders auf ein solches Stressereignis. Es hängt viel von dem Test ab, denn Sie wollen ja den Ausbildungsplatz haben. Natürlich sind Sie nervös, doch müssen Sie diese Nervosität so gut wie möglich abbauen, denn wenn man nervös ist, kann man sich nicht gut konzentrieren.

Vertrauen Sie darauf, dass Sie sich ausreichend vorbereitet haben. Sagen Sie sich, dass Sie mindestens genauso gut vorbereitet sind, wie die anderen Testteilnehmer. Folglich haben Sie auch gute Chancen. Ihr Testtrainer drückt Ihnen die Daumen. Informieren Sie sich auch über das aktuelle politische und wirtschaftliche Tagesgeschehen in Fernsehen und/oder Zeitungen und Zeitschriften. Wenn Tests von Firmen selbst erstellt werden, können aktuelle Geschehnisse und Schlagwörter abgefragt werden.

Gehen Sie am Vorabend nicht zu früh ins Bett, sonst kann es sein, dass Sie nicht einschlafen können. Machen Sie vor dem Schlafengehen einen ausgedehnten Spaziergang an der frischen Luft, dann schlafen Sie besser.

Unternehmen Sie am Vorabend irgend etwas Schönes, das Sie ablenkt. Das beruhigt. Stehen Sie am Testtag nicht zu knapp auf. Frühstücken Sie ruhig und gut, ein leerer Magen macht nervös. Fahren Sie vor allem nicht zu spät los und kalkulieren Sie mögliche Verzögerungen mit ein. Sie brauchen Ihre Nerven für den Test und nicht für den Stress, überhaupt pünktlich anzukommen. Konzentrieren Sie sich vor dem Test, lassen Sie sich aber von anderen nicht nervös machen. Denken Sie immer ganz fest daran: Sie werden es schaffen.

Jetzt geht's los

Wie verhalten Sie sich im Test?

- Beachten Sie genau die Anweisungen der Tester.
- Lesen Sie sich die Aufgaben genau durch. Gerade wenn Sie meinen, etwas fällt Ihnen leicht, können Ihnen Flüchtigkeitsfehler passieren, weil Sie etwas übersehen oder überlesen.
- Halten Sie sich nicht mit Fragen unnötig lange auf, die Sie nicht kennen. Machen Sie sich am Rand eine Markierung und gehen Sie erst einmal zu den anderen Fragen über. Wenn Sie am Schluss noch Zeit haben, können Sie noch einmal intensiver über eine Lösung nachdenken.

▨ Wenn Sie Fragen nicht beantworten können, schätzen Sie eine Lösung und kreuzen diese an. Versuchen Sie erst völlig falsch erscheinende Antworten auszuschließen. Die Trefferwahrscheinlichkeit bei zwei infrage kommenden Antworten ist natürlich größer als bei einer Auswahl von fünf Antworten.

▨ Werden Sie nicht hektisch, wenn Sie nicht mit allen Aufgaben fertig werden. Vor allem die Leistungs- und Belastungstests sind oft so angelegt, dass man nicht alle Aufgaben schafft, und dann geht es den anderen Testteilnehmern genauso. Also nicht „die Flinte ins Korn werfen", sondern ruhig weiterarbeiten.

Nach der Prüfung

Bewerbung abgelehnt – was nun?

Wissen Sie, wie Sie die Enttäuschung am besten überwinden und neu durchstarten, wenn Ihre Bewerbung abgelehnt wurde?

„Mit diesem Schreiben erhalten Sie Ihre Bewerbungsunterlagen zurück. Für die kommende Einstellungsphase haben wir alle Ausbildungsplätze besetzt. Für Ihr Interesse an unserem Unternehmen danken wir und wünschen Ihnen für Ihre berufliche und persönliche Zukunft alles Gute."

So oder ähnlich liest sie sich, die Absage. Die Absage, die nach einem Test ins Haus flattert. Jetzt hat es auch Sie erwischt.

Natürlich sind Sie erst einmal enttäuscht. Sie ärgern sich, denn Sie hätten diesen Ausbildungsplatz gern bekommen. Wo Sie doch schon so nah dran waren ... Doch das gleich zu Anfang: Sie sind mit Ihrer Absage nicht allein, zur Zeit werden viel mehr Absagen als Zusagen verschickt. Die meisten Auszubildenden haben vor einer Zusage auch mehr oder weniger viele Absagen bekommen – und dann hat es doch noch geklappt.

Damit auch Sie Ihren Ausbildungsplatz bekommen, dürfen Sie nicht aufgeben. Obwohl es bitterer Ernst ist, sollten Sie folgendes Sprichwort beherzigen: „Ein neues Spiel – ein neues Glück!" Dieses Glück brauchen auch Sie für Ihre Situation, denn oft ist es gerade das Quäntchen Glück, das zum Erfolg führt. Warum sollte es Ihnen nicht auch bald hold sein? Geben Sie also **nicht** auf, sondern motivieren Sie sich weiterhin zielstrebig für den nächsten Test.

Stresskiller

Killen Sie Ihren Stress und verdauen Sie erst einmal die Enttäuschung. Unternehmen Sie irgendetwas Schönes, das Sie ablenkt: Gehen Sie beispielsweise in Ihre Disco, klönen Sie mit Freunden, vertrauen Sie sich einer Ihnen nahe stehenden Person an, gehen Sie in Ihren Verein, ins Schwimmbad o. Ä. und vergessen Sie Ihren ersten Ärger.

Neue Motivation

Bauen Sie sich am nächsten Tag wieder auf.

Sie sind nicht schwächer als Ihre Mitbewerber. Vielleicht lag es an der zu großen Zahl der Bewerber und Sie sind nur ganz knapp am Ziel vorbeigefahren? Vielleicht auch an persönlichen Beziehungen, die Ihre Mitbewerber hatten, oder einfach am fehlenden Quäntchen Glück? Oder lag es an Ihnen – haben Sie wirklich Ihr Bestes gegeben?

Analyse

Wenn etwas nicht nach Plan gelaufen ist, muss man es kritisch überdenken und analysieren. Das heißt, eventuelle Fehler müssen gefunden und beseitigt werden, damit sie nicht noch einmal auftreten. Es muss überprüft werden, was man noch besser machen kann.

So machen es die Betriebe und alle, die zielstrebig und profihaft arbeiten. Sie kennen das sicherlich aus dem Sport. Wie sagen die Trainer, wenn es mal nicht gut gelaufen ist: „Wir müssen das Spiel analysieren und unsere Fehler abstellen."

Bitten Sie den Tester nach der Auswertung um Einsicht in Ihren Test. Wenn das möglich ist, sprechen Sie mit ihm über Ihre „Fehler" im Test. Vor allem dann, wenn Sie nicht berücksichtigt wurden und weitere Tests machen müssen, können Sie sehr viel daraus lernen.

Bereiten Sie sich auf den nächsten Test intensiver vor. Berücksichtigen Sie auch die Ratschläge in den Abschnitten „Der Countdown läuft" und „Jetzt geht's los" (S. 202) und gehen Sie dann mit neuem Selbstvertrauen in den nächsten Test. Vielleicht klappt es diesmal. Viel Erfolg!

Sie haben es geschafft!

Herzlichen Glückwunsch! Sie haben einen ganz großen Stein auf dem Weg zum Ausbildungsplatz beiseite geräumt. Entweder Sie haben ihn, den ersehnten Ausbildungsplatz; dann waren Sie mit diesem Testtrainer erfolgreich: Empfehlen Sie ihn auch Ihren Freunden und Bekannten – auch für das nächste Einstellungsjahr.

Oder Sie müssen noch eine letzte Hürde nehmen: das Vorstellungsgespräch. Bereiten Sie sich auch hier mit System vor, dann wird es klappen.

Expertentipp:
Der Titel „Bewerbung um einen Ausbildungsplatz", erschienen im FALKEN Verlag, Bestellnummer 1936, DM 16,90, enthält viele wichtige Tipps zum Vorstellungsgespräch, Standardfragen und ein ausführliches Übungsprogramm. Er ist unbedingt zu empfehlen, auch für Freunde von Ihnen, die ganz von vorne – mit dem Bewerbungsschreiben – anfangen.

Haben Sie's gekonnt? – Hier sind die Lösungen

Expertentipp:
Wenn Sie in den Lösungen nachsehen, ohne die Aufgabe selbst gelöst zu haben, betrügen Sie sich selbst. Decken Sie unbedingt die Lösungen ab, sodass Sie nicht beim Nachsehen der Lösung einer Aufgabe die Lösung der nächsten auch gleich sehen. Oder schreiben Sie sich jeweils die Lösungen mehrerer Aufgaben ab und vergleichen Sie dann.

Schulwissen und Allgemeinbildung

Deutsch und Sprachbeherrschung

Groß- und Kleinschreibung
1a 2a 3c 4a 5c 6b 7d 8c

Zusammen- und Getrenntschreibung
1a 2d 3c 4a 5c 6d 7a

Verschiedene Stolpersteine der Rechtschreibung
1a 2c 3a 4d 5d 6b 7c

Kommasetzung
1a 2d 3d 4b 5b 6c

Rechtschreibung und Zeichensetzung (vollständige Übung)

Zeile	1	2	3	4	Fehler in Spalte
1	Fritzla den 11.1.20... ⌐r,				1
2	Lieber Frank, erst	heute morgen finde ich ∠4	Zeit für ⌐d	über mein Vor-	2, 3
3	stellungsgespräch	bei der Firma Lohhaus	zu berichten.		0
4			die Einladung zu	dem Gespräch erhielt.	2
5	Toll war das, als	ich vor ein paar Wochen ⌐p	Interesse habe ich ∫tc	geweckt man will mich ∠t,	1, 3, 4
6	Wieder einmal Glück ∠ie	gehabt, dachte ich.	in die engere Wahl der	Bewerber zu kommen.	0
7	kennen lernen.	Ich habe es geschafft		im Hals und feuchte	
8	Als es dann soweit	war, hatte ich aber doch ∠ß	anfangs einen Kloß ⊓ß		2, 3
9	Hände, was im	Laufe des Vormittags ∠L	verschwand.	Der Interviewer, ∠ie	2, 4
10	es war der	Ausbildungsleiter	der Firma Lohaus ∠s,	bat mich zu	3
11	einem Einzelgespräch	in sein Büro	in der	Kölner straße 6. ⊓r s	4
12	Freundlich lächelnd	und Augenkontakt	haltend setzte ich	mich todesmutig ⌐d	4
13	auf den Besucherstuhl	Die angebotene	Zigarette lehnte	ich sicherheitshalber	0
14	ab. Man weiß ja	nicht ob dies ∠t,	nicht schon als	Test gedacht war.	2
15	Seine sehr staatliche ∠t	Sekretärin schenkte	mir eine Tasse Kaffee ∠ff	ein und dann	1, 3
16	ging es los.	Wie gut, daß ∠ss	ich daran gedacht	hatte mich ∠ß	2, 4

Zeile	1	2	3	4	Fehler in Spalte
17	auf dieses Gespräch	vorzubereiten.	Einem Ratgeber	zum Thema	0
18	Vorstellungsgespräche	konnte ich dabei	allerlei nützliches ⌐N	entnehmen.	3
19	Viele Fragen die ∟ʜ,	gestellt wurden,	waren	Standartfragen, ∟d	1, 4
20	auf die ich	mich vorbereitet	hatte. Sie	betrafen im	0
21	besonderen folgende ∟ß	Themenbereiche:	Grund der Bewerbung,	Ausbildungsweg,	1
22	familiäre ∟ʃ	Situation und	meine Hobbies. ⊓Y	Die sachlichen ∟ʜ,	1, 3, 4
23	präzise gestellten ∟ä	Fragen versuchte	ich ohne	Abschweifungen zu	1
24	beantworten.	Außerdem habe ∟ß	ich aber jede	Möglichkeit dazu	2
25	genutzt das	Gespräch	mitzugestalten,	denn wer	0
26	fragt, zeigt	Engagement und ∟e	Zielstrebigkeit.	Meine Fragen bezogen	2
27	sich auf die Probezeit,	die Ausbildungsvergütung,	die betrieblichen	Weiterbildungsmöglichkeiten	0
28	und die	eventuelle Chance ∟c	später weiter	beschäftigt zu werden.	2
29	Nachdem das	Vorstellungsgespräch	beendet war, ∟d	habe ich leider	3
30	kein Ergebnis	mitgeteilt	bekommen. Die	endgültige ∟d	4
31	Nachricht	soll ich bis	kommenden Mittwoch ∟ʜ	erhalten. Ich	3
32	wäre total unglücklich, ∟d	wenn die	Sache nicht klappt.	Sicher ist ∟ʃ	1, 4
33	es aber dass ∟ʃ	beste bis ∟ß	dahin guter	Hoffnung zu sein.	1, 2
34	Ich grüße Dich ∟d	und Deine ∟d	Eltern. Dein	Freund Christian	1, 2

Fremdwörter und ihre Bedeutung

1: annehmen 2: Erregung 3: handeln 4: schwierige Situation 5: hochexplosiv 6: russisches Sommerhaus 7: abordnen 8: Wirkung 9: Auswanderer 10: energischer Verfechter einer Überzeugung 11: Luftspiegelung 12: Milchstraße 13: schwer wiegend 14: Behinderung 15: Hubschrauber 16: Einfuhr 17: Menschen als Einzelwesen 18: Rechtswissenschaft 19: Kostenermittlung 20: kriminelle Organisation in Italien 21: rechtmäßig 22: Grenze 23: Menschen bewusst beeinflussen 24: Lebenserinnerungen 25: Höhenstufe 26: ohne Halt 27: Wissenschaft von der Beziehung der Lebewesen zu ihrer Umwelt 28: optimal gestalten 29: Diebstahl geistigen Eigentums 30: Deckname 31: weiterbilden 32: rücksichtslos 33: Tennisschläger 34: allein stehend 35: gleichmäßig 36: Gruppenarbeit 37: von der Technik bestimmt 38: umfassend 39: gesamter Pflanzenbestand

Schreibweise von Fremdwörtern

1a 2c 3a 4d 5d 6b 7c 8a 9a 10b 11d 12d 13c 14b 15b 16a 17d 18c 19c 20a 21c 22b

Abkürzungen

1: Bundesausbildungsförderungsgesetz 2: Deutsche Industrie Norm 3: Deutsche Presse-Agentur 4: Elektronische Datenverarbeitung 5: Personal Computer 6: Bürgerliches Gesetzbuch 7: Bankleitzahl 8: Europäische Union 9: Vereinte Nationen (United Nations) 10: Jugendarbeitsschutzgesetz 11: und andere oder unter anderem 12: das heißt 13: Kilogramm 14: evangelisch 15: und so weiter 16: laufend 17: Beispiel 18: katholisch 19: süddeutsch 20: Kilowatt 21: Kilometer pro Stunde 22: Hektoliter 23: Aktiengesellschaft 24: Milliarde 25: Deutscher Gewerkschaftsbund 26: Millionen 27: Minute 28: Industrie- und Handelskammer

Gemeinsame Überbegriffe

1c 2e 3c 4d 5a 6e 7e 8a 9b 10e 11d 12e 13a 14d 15b 16e 17b 18d 19a 20c 21a 22d 23d 24b 25e

Satzergänzungen finden

1c 2b 3a 4a 5d 6c 7a 8d 9d 10b 11c 12a

Analogien finden
1b 2a 3e 4a 5b 6c 7d 8d 9d 10c 11a 12d 13c 14c 15a

Stammwörter
1: Akten- 2: Bade- 3: Büro- 4: Dach- 5: Edel- 6: Flut- 7: Forst-
8: Gala- 9: Gardinen- 10: Hand- 11: Haus- 12: Knall- 13: Kur- 14: Labor-
15: Luft- 16: -auto 17: -baum 18: -bein 19: -besuch 20: -fest 21: -frau
22: -garten 23: -glas 24: -kammer 25: -leitung 26: -platz 27: -rad
28: -schrank 29: -stock 30: -topf

Informationsquellen zuordnen
1d 2e 3b 4g 5f 6a 7c 8j 9k 10i 11e 12m 13h

Aussagen von Texten
1a Argumente:
▦ Familien mit Kindern können sich weniger leisten.
▦ Singlehaushalte profitieren im Alter auch von Kindern.
1b Argumente:
▦ Hohe Verschuldung des Staates.
▦ Kinderlose haben schon hohe Abgabenlast.
▦ Kinder werden als „Privatvergnügen" eingestuft.
1c Individuelle Antwort

2a Argumente pro Individualversicherung:
▦ Unvorhergesehene Dinge können passieren, gegen die man sich absichern sollte.
▦ Finanzielle Risiken durch Unfälle, Krankheiten u. a. sind zu groß, als dass man sie allein tragen sollte.
Argumente kontra Individualversicherung:
▦ Teilweise werden überhöhte Prämien verlangt.
▦ Falsch versichert sind fast alle Bürger.
▦ Ältere Menschen, Ausländer und andere Gruppen werden bei manchen Versicherungsarten benachteiligt.
▦ Versicherungsbedingungen sind inzwischen teilweise so formuliert und verklausuliert, dass der eigentliche Versicherungszweck kaum noch erreicht wird.

2b Individuelle Antwort

3a Verursacherprinzip: Verursacher sollte Umweltbelastung tragen

3b Gemeinlastprinzip: Kosten werden von der Allgemeinheit getragen

3c Deutsche Betriebe fürchten Wettbewerbsnachteile gegenüber den Betrieben anderer Länder

3d Grund: Zurechnung auf Verursacher ist nicht immer möglich

3e Grund: Viele schadensverursachende Betriebe existieren nicht mehr

4d

Aussagen von Schaubildern

1b 1d 1e

2 mögliche Aussagen:

▨ Produktion und Export von Autos haben im 1. Halbjahr 1995 im Vergleich zum 1. Halbjahr 1994 zugenommen.

▨ Besonders stark war der Anstieg bei exportierten Nutzfahrzeugen.

▨ Der Anstieg der PKW- und Kombiproduktion betrug in dem erwähnten Zeitraum 13 %.

mögliche Überschrift: Produktion und Export von Autos legen stark zu

Mit Rechnen können Sie rechnen

Grundrechenarten und Dezimalzahlen

1a 2d 3b 4e 5e 6d 7c 8b 9a 10c 11b 12e 13b 14d 15a
16d 17c 18e 19b 20a 21c 22e 23d

Maßeinheiten

1e 2b 3d 4b 5a 6c 7e 8a 9d 10e 11c 12c 13a 14c

Bruchrechnen

Addition und Subtraktion

Aufgabe	Lösung	Regel-Nr.	Lösungshilfe:
1	c	3	$\frac{8}{28} + \frac{21}{28} = \frac{29}{28} = 1\frac{1}{28}$
2	d	3	$\frac{5}{15} + \frac{9}{15} = \frac{14}{15}$

Aufgabe	Lösung	Regel-Nr.	Lösungshilfe:
3	a	1	$\frac{4+3}{9}=\frac{7}{9}$
4	b	5	$\frac{5}{20}+\frac{64}{20}=\frac{69}{20}=3\frac{9}{20}$
5	c	4	$\frac{7}{8}-\frac{6}{8}=\frac{1}{8}$
6	d	5	$\frac{155}{35}-\frac{126}{35}=\frac{29}{35}$
7	c	4	$\frac{10}{12}-\frac{5}{12}=\frac{5}{12}$
8	b	3	$\frac{7}{42}+\frac{18}{42}=\frac{25}{42}$

Multiplikation

Aufgabe	Lösung	Regel-Nr.	Lösungshilfe:
9	c	6	$\frac{2}{3}\cdot\frac{5}{8}=\frac{10}{24}=\frac{5}{12}$
10	b	7	$\frac{3}{8}\cdot5=\frac{15}{8}=1\frac{7}{8}$
11	d	8	$\frac{3}{4}\cdot2\frac{2}{5}=\frac{3}{4}\cdot\frac{12}{5}=\frac{36}{20}=\frac{9}{5}=1\frac{4}{5}$
12	a	9	$4\frac{4}{5}\cdot3\frac{2}{3}=\frac{24}{5}\cdot\frac{11}{3}=\frac{264}{15}=\frac{88}{5}=17\frac{3}{5}$

Division

Aufgabe	Lösung	Regel-Nr.	Lösungshilfe:
13	d	11	$\frac{7}{8}:\frac{5}{6}=\frac{7\cdot6}{8\cdot5}=\frac{42}{40}=\frac{21}{20}$
14	c	10	$\frac{4}{5}:6=\frac{4}{30}=\frac{2}{15}$
15	d	12	$\frac{7}{8}:2\frac{3}{4}=\frac{7}{8}:\frac{11}{4}=\frac{7}{8}\cdot\frac{4}{11}=\frac{28}{88}=\frac{7}{22}$

Der Dreisatz

Aufgabe	Lösung	Ansatz-Nr.	Lösungshilfe:
1	d	2	$x=\frac{40\cdot3}{5}=24$
2	a	1	$x=\frac{1400\cdot11}{8}=1925$
3	b	1	$x=\frac{10\,200\cdot381}{408}=9525$
4	e	3	$x=\frac{262{,}5\cdot20\cdot180}{5\cdot150}=1260$

Auf-gabe	Lö-sung	Ansatz-Nr.	Lösungshilfe:
5	d	1	$x = \dfrac{169{,}5 \cdot 160}{150} = 180{,}80$
6	c	2	$x = \dfrac{6 \cdot 16}{12} = 8$; $8 - 6 = 2$ zusätzlich
7	c	3	$x = \dfrac{14 \cdot 12 \cdot 78}{9 \cdot 56} = 26$; $26 - 14 = 12$ zusätzlich
8	a	2	$x = \dfrac{360 \cdot 30}{25} = 432$
9	e	3	$x = \dfrac{5\,000 \cdot 8 \cdot 9 \cdot 28}{12 \cdot 8 \cdot 6} = 17\,500$
10	a	2	$x = \dfrac{25 \cdot 12}{15} = 20$

Durchschnittsrechnen

Auf-gabe	Lö-sung	Ansatz-Nr.	Lösungshilfe:
1	b	1	37,20 € : 4 = 9,30 €
2	e	2	196,40 € : 25 = 7,86 €; 7,86 € : 10 = 0,79 € je 100 g
3	d	2	1 050 € : 50 = 21,00 €
4	a	1	19 524 € : 6 = 3 254 €
5	c	2	3 871,50 € : 1 450 = 2,67 €

Verteilungsrechnung

Auf-gabe	Lö-sung	Ansatz-Nr.	Lösungshilfe:
1	b	3	240 000,00 € : 10 Teile = 24 000,00 € · 2 = 48 000,00 €
2	d	2	82 512,00 € : 6 = 13 752,00 € (C erhält $\frac{1}{6}$)
3	e	1	19 250 : 3,5 = 5 500; 0,5 · 5 550 = 2 750
4	a	2	$A = \frac{1}{4} = \frac{15}{60}$; $B = \frac{2}{5} = \frac{24}{60}$; $C = \frac{1}{6} = \frac{10}{60}$; $D = \text{Rest} = \frac{11}{60}$ 66 000 € : 11 = 6 000 €; 6 000 € · 60 = 360 000 €
5	d	1	340,20 : 9 = 37,80 € · 4 = 151,20 €

Prozentrechnung

Auf-gabe	Lö-sung	Ansatz-Nr.	Lösungshilfe:
1	a	4	$70\% = 24,50$ € $100\% = 35,00$ €
2	d	1	$30\,000\,000 \cdot 7 : 100 = 2\,100\,000$
3	c	2	$1\,200,00$ € $- 780,00$ € $= 420,00$ € $1\,200,00$ € $= 100\%$ $420,00$ € $= x\%$ $x = \dfrac{420 \cdot 100}{1\,200} = 35\%$
4	d	5	$104\% = 1\,123,20$ € $100\% = \dfrac{1\,123,20 \cdot 100}{104} = 1\,080,00$ €
5	b	3	$\dfrac{156,60 \cdot 100}{20} = 783,00$ €
6	a	2	$\dfrac{187,50 \cdot 100}{2\,500} = 7,5\%$
7	e	1	$\dfrac{285\,000,00 \cdot 3,5}{100} = 9\,975;\ 9\,975 + 285\,000$ € $=$ $294\,975,00$ €

Zinsrechnung

Auf-gabe	Lö-sung	Ansatz-Nr.	Lösungshilfe:
1	e	2	$K = \dfrac{24,80 \cdot 100 \cdot 360}{10 \cdot 30} = 2\,976,00$ €
2	a	3	$p = \dfrac{200 \cdot 100 \cdot 360}{7\,500 \cdot 120} = 8$
3	b	1	$Z = \dfrac{14\,000 \cdot 5,5 \cdot 270}{100 \cdot 360} = 577,50$ €
4	c	4	$13\,155 - 12\,000 = 1\,155$ $t = \dfrac{1\,155 \cdot 100 \cdot 360}{10,5 \cdot 12\,000} = 330$ $\quad$ 10.01. + 330 Tage = 10.12. (11 Monate)
5	a	3	$p = \dfrac{525,00 \cdot 100 \cdot 360}{8\,400,00 \cdot 300} = 7,5\%$
6	d	4	$t = \dfrac{300 \cdot 100 \cdot 360}{5 \cdot 5\,000} = 432$ Tage

Auf-gabe	Lö-sung	Ansatz-Nr.	Lösungshilfe:
7	c	2	$k = \dfrac{500 \cdot 100 \cdot 360}{5 \cdot 180} = 20\,000\ €$
8	a	1	$Z = \dfrac{1\,000 \cdot 12 \cdot 30}{100 \cdot 360} = 10,00\ €$
9	d	4	$t = \dfrac{250 \cdot 100 \cdot 360}{10\,000 \cdot 12} = 75$ Tage; 02.01. + 75 Tage = 17.03.
10	b	3	$t = \dfrac{80,00 \cdot 100\,360}{12\,000,00 \cdot 30} = 8\,\%$

Geometrie

Gebiet	Auf-gabe	Lö-sung	Lösungshilfe:
Ebene Figuren	1	b	
	2	a	
	3	b	
	4	d	
	5	b →	– Flächeninhalt des Konferenzraumes = 288 m² – Flächeninhalt einer Fliese = 0,25 m² – Anzahl der Fliesen: 288 : 0,25 = 1152 Stück
	6	b	
	7	d	
	8	a	
	9	c	
	10	c	
Pythagoras	11	b →	– Der Weg entspricht der Hypotenuse des Dreiecks (Seite C). $- \ C = \sqrt{a^2 + b^2} = \sqrt{176\,400 + 72\,900} = 499,30\ m$
	12	a	
	13	d →	– durch die Höhe wird ein gleichschenkliges Dreieck in zwei gleiche rechtwinklige Dreiecke geteilt $- \ h = \sqrt{a^2 - \left(\dfrac{c}{2}\right)^2} = \sqrt{16 - 9} = 2,65$

Gebiet	Auf-gabe	Lö-sung	Lösungshilfe:
Kreis	14	d	
	15	a	Umfang · 24 Stunden
	16	b	
	17	b	
	18	c	großer Platz $=$ 4 534,00 m²
			− Verkehrsinsel $=$ 333,12 m²
			$=$ m² für Verkehr $=$ 4 200,88 m²
	19	c	
Körper	20	c	
	21	d	Formel umstellen:
			$a = \sqrt{\dfrac{O}{6}} = \sqrt{\dfrac{384}{6}} = \sqrt{64} = 8$ cm
	22	a	
	23	a	
	24	d	$V = a \cdot b \cdot c = 12 \cdot 8 \cdot 6 = 576$ m³
			1000 cm³ $=$ 1 dm³
			576 cm³ $=$ 0,576 dm³
			0,576 · 19,3 $=$ 11,12 kg
	25	b	$V = 0,60$ m · 0,35 m · 0,35 m $= 0,0735$ m³
			1 m³ $=$ 1000 l
			0,0735 m³ $=$ 73,5 l
	26	c	
	27	c	$M = 2\,\pi \cdot r \cdot h$
			$h = \dfrac{M}{2\,\pi\,r} = \dfrac{18,84}{6,28} = 3$ m
	28	d	$V = \pi \cdot r^2 \cdot h = 3,14 \cdot 0,90^2 \cdot 1,50 = 3,815$ m³
			1 m³ $=$ 1000 l
			3,815 m³ $=$ 3 815 l

Staat – Politik – Geschichte

1d 2a 3c 4c 5c 6d 7c 8b 9a 10b 11d 12a 13d 14a 15a 16b 17c
18d 19d 20a 21c 22a 23b 24b 25c 26b 27c 28d 29b
30b 31d 32e 33a 34d 35e 36b 37e 38a 39d 40b 41a
42e 43c 44c 45a 46c 47c 48a 49d 50c 51d 52a 53c 54c
55b 56d 57c 58e 59c 60d 61d 62b 63d 64c 65a 66d
67d 68b 69e 70c 71c 72b 73b 74a 75e 76c 77b 78d
79a 80c 81aegh 82d 83d 84e 85b 86a 87a 88d 89d 90c

91e 92d 93d 94b 95b 96d 97d 98b 99c 100c 101a 102c
103a 104b 105d 106c 107b 108b 109d 110a 111b 112b 113c
114a 115d 116a 117d 118d 119c 120a 121a 122c 123a 124e
125d 126d 127a 128b 129b 130b 131b 132b 133a 134a 135d
136a 137d 138d 139c 140a 141d 142d 143e 144d 145b 146a
147b 148d 149b 150c 151d 152b

Geographie und Reisen

1a 2c 3d 4d 5c 6c 7e 8b 9e 10e 11b 12c 13e 14a 15c
16d 17a 18a 19: Dänemark 12 Deutschland 9 Belgien 5
Finnland 6 Frankreich 11 Griechenland 4 Großbritannien 13 Irland 8
Italien 15 Niederlande 2 Österreich 14 Portugal 10 Schweden 3
Schweiz 7 Spanien 1 20a 21b, g, h 22b 23d 24c 25b 26b 27c
28e 29 Mallorca 3 Sardinien 5 Menorca 2 Ibiza 4 Korsika 1 30c
31b 32 Sydney 1 San Francisco 2 Kapstadt 3 New York 4 Hongkong 5
Moskau 6 33d 34a 35a 36b 37c 38e 39b 40d 41a 42a

Grundlagen der Physik und Chemie

1c 2e 3c 4a 5a 6d 7a 8c 9b 10d 11c 12c 13c 14c 15c
16b 17c 18b 19b 20d 21b 22c 23b 24d 25a 26e 27e 28a
29b 30b 31d 32c 33b 34b 35a

Wirtschaft und Soziales

Grundlagen unserer Wirtschaftsordnung
1c 2d 3b 4e 5a 6d 7c 8a 9c 10e 11c 12d

Das aktuelle Basiswissen
1b 2d 3e 4b 5d 6b 7e 8b 9a 10d 11b 12d 13c 14a 15d
16b 17d 18a 19e 20d

Unternehmungsformen
1b 2d 3b 4a 5d

Geld – Banken – Zahlungsverkehr
1d 2c 3e 4c 5b 6b 7e 8b 9c 10c 11c 12a

Bedeutende Persönlichkeiten

1c 2d 3b 4e 5d 6c 7c 8d 9c 10b 11a 12e 13b 14e 15d
16a 17b 18b 19e 20d 21d 22e 23c 24d 25d

Kultur

1d 2a 3d 4c 5c 6b 7d 8d 9b 10c 11c 12d 13d 14a 15b 16a 17b
18b 19a 20a 21c 22a 23b 24c 25d 26b 27a 28b 29d 30b
31c 32b 33d 34a 35d 36d 37c 38a 39b 40d 41c 42c
43b 44b 45d 46c 47a 48d 49d 50a 51a 52c 53b 54a
55c 56d 57b 58c 59a 60c 61d 62c 63a 64c 65d 66c
67b 68a 69b 70d 71b 72a

Spezielle geistige Fähigkeiten
Logisches Denken

Figuren ergänzen
1d 2a 3c 4c 5c 6b

7
8
9

10
11
12

Dominosteine ergänzen
1e 2b 3b 4a 5c

Technische Vorgänge
1c 2c 3b 4b 5c 6c 7a 8c 9b 10a 11d 12a 13b 14d 15b
16b 17d

Spiegelbilder finden
1d 2f 3b 4c 5e 6b 7a 8f 9c 10d

Belastbarkeit und Konzentrationsvermögen

Buchstabenreihen
Anzahl der p mit zwei Strichen ($\overline{\overline{p}}$ $\overline{\overline{p}}$ p)
1: 8   2: 7   3: 5   4: 7   5: 8   6: 5   7: 7   8: 3   9: 9   10: 10   11: 7

Rechen-Ketten
1: 8   2: 0   3: 33   4: 6   5: 28   6: 40

Summen korrigieren:
Durchzustreichen sind folgende Summen, da sie falsch sind:
1: 112, 102   2: 75, 41, 133   3: 115, 77   4: 76, 106   5: 122, 175   6: alle stimmen
7: 111, 84   8: 86   9: 92, 129, 122   10: alle richtig   11: 125, 169, 132, 142
12: 137, 102

Richtige Buchstabenfolgen
1. hilmd(abc)liht(uvw)srgnmhklg(opq)   3
2. jrzt(stu)rfghkmnbcv(xyz)g(lmn)kij   3
3. acd(efg)lkjh(ijk)bgstc(def)khsaqwv   3
4. ertszuiohbhgrsdstzjinkln(wxy)mist   1
5. swuv(jkl)op(rst)ad(cde)(ghi)(uvw)uergh   5
6. er(stu)vdgrhik(vwx)stlkmnh(efg)ba   3
7. g(rst)fvc(xyz)bf(rst)q(uvw)ascd(bcd)ac   5
8. cadnm(jkl)i(ghi)mnb(jkl)hgf(def)gfsav   4

Adressen-Prüf-Test

1.	Fa. Uwe Rockensü<u>ss</u>	Ahornweg <u>22</u>	34599 Neuental	0 66 93 / 7 60 67	2
2.	Dr. med. Klaus Schmi<u>dt</u>	Hinter der Kirche 18	34127 Kassel	05 61 / 34 56 77	1
3.	Antonio Micino	Friedrichsplatz 1<u>2A</u>	22457 Hamburg	0 40 / 8 67 5<u>8</u> 12	2
4.	Knauer GmbH & Co. KG	Industriegebiet 88	99084 Erfur<u>th</u>	0 68 / 4 09 <u>30</u>	2
5.	Dipl<u>-</u>Ing. Martin Schüssler	Ky<u>f</u>häuserstr. 66	01159 Dresden	0 99 / 86 45 35	2
6.	Dr. <u>C</u>arla Konrad	Heideweg 79	41179 Mönchen <u>-</u> <u>G</u>ladbach	0 40 / 34 56 8 <u>9</u>	6
7.	Claudia <u>M</u>ei<u>er</u>	Luxe<u>n</u>burger Str. <u>7</u>	50647 Köln	0 30 / 88 77 6<u>6</u>	6
8.	Dr. med. dent. Anke Huber <u>-</u> Zahnärztin	Peter-Griesbacher-Weg 17<u> </u>	91547 Ro<u>t</u>enburg ob der Tauber	0 87 54 / 54 67	3
9.	Dipl.<u>Hd</u>l. Andreas Ba<u>ier</u>	Am Silbersee 89	26131 Oldenburg/Oldb.	0 23 47 / 1<u>3 </u>27	4
10.	FALKEN Verlag G<u>M</u> <u>B</u>H Redaktion Rat <u>&</u> Wissen	Postf. 12 11 37	66<u>5</u>21 Niedernhausen	Tel. 0 61 26 / 78 53 34 Fax: / 78 54 68	5

Unterschiede bei Bildern erkennen
1c 2d 3b 4e 5a 6c 7c 8a 9d 10b

Merkfähigkeit und Erinnerungsvermögen

Sich vorgegebene Figuren merken
1d, e 2a, e, g 3a, b, d, f, g 4a, b, c 5c, f 6a, g 7a, f 8a, b, c, d, f, g 9b, c, f 10b, c, d, g

Rechnen – Merken – Rechnen
1: 5 2: 3 3: 9 4: 12 5: 6 6: 3 7: 5 8: 5 9: 6 10: 3 11: 19 12: 9

Räumliches Vorstellungsvermögen

1a 2c 3c 4d 5c 6c 7a 8b

SO KOMMEN SIE VORAN ...

16267

16193

16309

16310

Mosaik bei GOLDMANN

MEHR LESEN –
LEICHTER LEBEN

16247

16189

16268

16216

Mosaik bei GOLDMANN

PSYCHOLOGIE/
SEXUALITÄT/LEBENSHILFE

16108

11297

13847